HISPANIDADES

LATINOAMERICA Y LOS EE.UU.

DAVID CURLAND
University of Oregon (Emeritus)

ROBERT DAVIS
University of Oregon

FRANCISCO LOMELÍ
University of California, Santa Barbara

ZÚÑIGA-LOMELÍ
Santa Barbara Community College

SPECIAL CONTRIBUTOR
LUIS LEAL

HISPANIDADES
Latinoamérica y los EE. UU.

The above authors are solely responsible for the content of this book with the following exceptions, for which permissions are indicated:

Design & Production: Christian Maurer, Layoutsinc.com
Proofreading: Sonia Lomelí, Luis Verano, Ricardo Vivancos-Pérez

As explained in the preface this text uses the film series EL ESPEJO ENTERRADO written and presented by Carlos Fuentes and provided by arrangement with Public Media, Inc. and SOGEPAQ

The Complete film series, EL ESPEJO ENTERRADO, on DVD along with additional resources and information pertaining to both Hispanidades books may be obtained at:

WWW.HISPANIDADES.INFO

The companion study guide and integrated videoscript for El Espejo Enterrado (Curland, Epple, Heinrich) (ISBN 978-0-9822217-4-7)

HISPANIDADES: ESPAÑA. LA PRIMERA HISPANIDAD (ISBN 978-0-9822217-0-9)

HISPANIDADES: LATINOAMERICA Y LOS EE.UU. (ISBN 978-0-9822217-1-6)

A complete videoscript is also available from Microangelo Entertainment at WWW.HISPANIDADES.INFO

ACKNOWLEDGEMENTS

Sor Juana Inés de la Cruz, "La Llorona", "Oyamel" by Luis Leal. Copyright 2005 by Luis Leal. Reprinted with permission.

From LOS DE ABAJO by Mariano Azuela. Copyright by Antonio Azuela. Reprinted with permission.

"Poem VI" from Alturas De Machu Picchu by Pablo Neruda. Copyright © 1957 Agencia Literaria Carmen Balcells. Reprinted with permission.

Mini-cuento "Los descubridores" from Imágenes Y Conductos by Humberto Mata. Copyright © 1970 Humberto Mata. Reprinted with permission.

"Cajas de Cartón" from Bilingual Review by Francisco Jiménez. Copyright © 1977 vol IV nu. 1&2 by Professor Francisco Jiménez. Reprinted with permission.

SUPERMAN ES ILEGAL lyrics. Copyright Peer Music. Reprinted with permission.

Siete Crisis Políticas de Benito Juárez by Nicolás Pizarro Suárez. Copyright © 1972 Editorial Diana.

from LA CASA EN MANGO STREET. Copyright © 1984 by Sandra Cisneros. Published by Vintage Español, a division of Random House Inc. Translation copyright © 1994 by Elena Poniatowska. Reprinted by permission of Susan Bergholz Literary Services, New York. All rights reserved.

From BLESS ME, ULTIMA. Copyright © Rudolfo Anaya 1974. Published by Warner Books, Inc., in hardcover, mass market paperback in 1994, and in trade paperback in 1999; orginally published by TQS Publications. This introduction appears in the trade paperback edition. Reprinted by permission of Susan Bergholz literary Services, New York. All rights reserved.

"Es El Spanglish Una Lengua?" by Ilan Stavans. From LA VANGUARDIA, March 28, 2005. Copyright © 2005 Ilan Stavans. Reprinted with permission.

Poster "CORRIDOS" Teatro Campesino © Esparza

Siqueiros mural © Artists Rights Society (ARS) New York/SOMAAP, Mexico

Rivera murals (pg.65, pg.71) © 2009 Banco de Mexico, Diego Rivera & Frida Kahlo Museums Trust,

"Day of the Dead" serigraph © 2009 Patssi Valdez

Maps used courtesy of the University of Texas Libraries, Austin, TX

Photo of Villa and Zapata (pg.69) used by permission of Getty Images, © 2009

TABLE OF CONTENTS

Introducción: El documental 3

Welcome to **Hispanidades!**

Welcome to **Hispanidades, Latinoamérica y los Estados Unidos**! After acquiring the basics of the Spanish language and cultures in introductory courses, you can now begin a more in-depth study of the different cultures in the Spanish-speaking nations. This multi-media course is designed to provide you with the background you will need to understand Hispanic culture, including, of course, that of the growing Latino population of the US, one of the three "hispanidades" explored by Carlos Fuentes in his narration for **The Buried Mirror (El espejo enterrado)**.

This film series is a magnificent visual depiction of the history and culture of Spain and Latin America. Fuentes, Mexico's renowned novelist and social commentator, provides a personal interpretation of what we, the viewers, see dramatically presented on screen.

Hispanidades draws heavily on segments from **El espejo enterrado** for its chapter themes, adding related literary readings and occasional short essays. Since language can never be taken for granted, this text will give you the opportunity to both review and advance your knowledge of the vocabulary and grammar of Spanish.

While we make no attempt in these texts to present a complete history of Hispanic civilization and the variety of geographical regions it represents, the authors do believe that students who follow the **Hispanidades** course will emerge with an essential framework for continued study of the Spanish language, Hispanic culture and its rich literary heritage.

Chapter Walkthrough
Each chapter contains the following:

ORIENTACIÓN CRONOLÓGICA
A timeline of historical events relevant to the chapter topics.

INTRODUCCIÓN
An overall introduction to the topic: its connection with Spanish history, and its cultural and historical importance, the points highlighted by Carlos Fuentes in the film **El espejo enterrado**.

Questions and research topics that will begin students on their exploration of the chapter theme and provide content and linguistic support for comprehension of the video segments.

GUIÓN
A verbatim transcript of the video segments used in the chapter. Fuentes often employs an advanced level of language and occasionally complex concepts in his commentary. The visual accompaniment helps clarify what otherwise would be challenging material. Nevertheless, students should read the script both before and after viewing the video segments. Students will find the language and concepts contained in the video reverberating throughout the chapter. Topics for discussion are also provided after the videoscripts. NOTE: in interest of economy, at some points video continues without the **guión**, indicated with a series of asterisks and time elapsed in brackets. Scripts then resume to coincide with video.

The scripts are followed by questions to check comprehension and foster group discussion.

NOTAS DE LENGUA
Short selections that give linguistic insights related to chapter topics. Language is viewed in its social context, drawing students' attention to questions such as: What are dialects? What impact does religion have on language? How have censorship and political structures impacted the development of language in Spain? As is true throughout the text, considerations of space have restricted the scope of these notes, but they should suffice to point the way for further research.

GRAMÁTICA EN BREVE
A limited number of specific grammar issues are reviewed with examples drawn from the chapter content. While most of these topics represent grammar studied in lower-level courses, students will find this review a useful reminder. Again, experience has shown that these specific grammar points are among the problem areas which tend to reappear even at advanced levels. In short, they are issues which can never be reviewed too much, especially in the context of new material.

LITERATURA
Literary selections have been carefully chosen for their relevance to the topic as well as their inherent esthetic value. Surrounding these literary selections are commentary and analysis for general literary study: literary terminology and concepts, the genres of the selections, and the foundations of aesthetic production in the historical and social context. Students will find that the tools provided for understanding the specific selections included can become their personal toolkit to illuminate ongoing literary study.

EN RESUMEN
A writing exercise designed to summarize chapter content.

EL DOCUMENTAL

En este libro se emplea un documental, **El espejo enterrado** de Carlos Fuentes (producido por Sogetel, empresa española de producción en colaboración con la Smithsonian Institution). Aquí conviene definir el documental, un género de cine que se ha hecho cada vez más popular en los últimos años. Antes una forma reservada para un público restringido, el documental servía para documentar eventos, historia o las vidas de individuos, etc. Recientemente el documental ha roto las cadenas que dictaron una forma educacional pero a veces aburrida. Ahora se emplean técnicas dramáticas que a menudo lo convierten en una forma híbrida, parte historia y parte producto imaginario que incluye lo que ya existe y lo que no puede existir en filme. El espejo enterrado, con su subtítulo "500 años de cultura hispánica", por lo obvio no puede reflejar una tecnología que sólo se ha desarrollado en el siglo XX.

Ahora nos hemos acostumbrado a muchos variantes del documental, quizás en parte por su popularidad propagandística, o en programas de televisión pública (NOVA es un buen ejemplo, o la obra bien estimada de Ken Burns, especialista en la forma). Algunos dependen de las opiniones de estudiosos que forman un panel de expertos que interpretan lo visual; otros son docudramas, o películas históricas que, basándose en la historia de un artista (Vermeer), un político (John F. Kennedy) o un escándalo (Watergate), entre otros casos, presentan una interpretación de la realidad.

Con **El espejo enterrado** contamos con la interpretación de Carlos Fuentes, autor y comentarista mexicano mundialmente conocido. Sin embargo, esperamos que los estudiantes sigan el consejo del mismo Fuentes: "un hombre y su cultura perecen en el aislamiento, y un hombre y su cultura sólo nacen o renacen en compañía de los demás, en compañía de los hombres y mujeres de otra cultura, de otro credo, de otra raza ... desafiando nuestros prejuicios." En las discusiones provocadas por este libro desafiamos a ustedes, los que oyen y ven y leen estos contenidos, que lo examinen intelectualmente para llegar a su propio entendimiento de los temas presentados.

1. En su opinión, ¿es verdad la afirmación "La cámara no miente"?
2. ¿Cómo se puede saber el vidente que el objeto de una película es informar o influenciar?
3. ¿Conoce usted ejemplos de documentales con diferentes objetivos?

VOCABULARIO ÚTIL

el cine *movie theater, film*

desafiar *to challenge*

el documental *documentary*

el/la estudioso/a *scholar*

filmar *to film*

el guión *filmscript*

el/la guionista *screenwriter*

rodar una película *to shoot a film*

el/la vidente *viewer*

verosímil *likely, believable*

EL MESTIZAJE

AGENDA: TEMAS IMPORTANTES

1. ¿Qué importancia tiene el mestizaje para México y Latinoamérica hoy en día?

2. ¿Por qué no ocurrió el mismo proceso de mestizaje en Norteamérica?

3. ¿Por qué llevan comillas las palabras "Nuevo Mundo"?

ORIENTACIÓN CRONOLÓGICA

711   Empieza la invasión árabe en España.

900   Decadencia de la clásica cultura maya.

1325   Se funda la capital azteca, Tenochtitlán.

1420   Formación de la Triple Alianza y la expansión azteca.

1427   Los portugueses descubren y se establecen en las Islas Azores.

1469   Se casan Isabel de Castilla y Fernando de Aragón.

1492   Expulsión de los árabes y de los judíos de España. En el mismo año, Antonio de Nebrija publica la primera *Gramática castellana*. Colón recibe el apoyo de Isabel para su viaje de exploración al occidente.

1494   Tratado de Tordesillas: España y Portugal dividen la exploración y explotación del mundo. Como resultado, Brasil llega a ser colonia portuguesa.

1519   Hernán Cortés llega al imperio azteca.

1531   La aparición de la Virgen de Guadalupe en la capital azteca.

1535   La fundación de la primera universidad en las Américas en Santo Domingo (hoy la República Dominicana).

1538   Primeros esclavos de África llegan a Brasil (fecha aproximada).

1552   Bartolomé de las Casas viaja a Madrid para declarar al mundo que los indígenas en las Américas tienen alma.

INTRODUCCIÓN

anclar *to anchor*

solía venir *used to come*

tanto mi padre como mi abuelo *both my father and grandfather*

jarocho = de Veracruz, México

sin embargo *nonetheless*

antepasados *ancestors*

a menudo = frecuentemente

La conquista del "Nuevo Mundo" empezó en 1492 con la llegada de Colón, pero los españoles no llegaron a un paisaje despoblado: La gente en las diferentes regiones ya había establecido civilizaciones avanzadas desde hacía muchos siglos. Empezó casi inmediatamente un proceso llamado **mestizaje**, la mezcla de gentes y culturas de Europa y de África con las personas y culturas precolombinas del hemisferio occidental.

En este primer capítulo, Carlos Fuentes nos presenta algo personal de su propia familia. No podía ser más apropiado como una introducción al contenido de este texto: la historia, cultura, literatura y geografía de Latinoamérica. El famoso autor habla de sus raíces indígenas y europeas. Él es mestizo, como la gran mayoría de la población latinoamericana. Las selecciones literarias reflejan el mismo tema.

GUIÓN - *El espejo enterrado*

Si personalmente buscase un sitio donde anclar mi vida de hombre, escritor y ciudadano de las Américas, ¿cuál sería? Mi abuelo solía venir todos los días a tomar su café en este viejo establecimiento "La Parroquia," aquí en el Puerto de Veracruz. "La Parroquia" es un lugar para mí lleno de memorias de familia... y de asociaciones sensitivas. Me parece estar oyendo a mi abuelo tocar con su cuchara para llamar la atención de un mesero.

Tanto mi padre como mi abuelo nacieron y crecieron aquí, en el puerto jarocho. Eran mexicanos de segunda y tercera generación, descendientes de inmigrantes llegados de España y de Alemania. Pero mi bisabuela por el lado materno vivía en el estado norteño de Sonora y tenía sangre Yaqui, india. Y sin embargo, quizá sus antepasados también vinieron de otra parte, posiblemente desde Asia, a través del Estrecho de Bering, hace miles de años. Es decir, que todos somos inmigrantes en este bien llamado Nuevo Mundo.

Todos llegamos de otra parte y todos llegamos portando verdaderas familias de cultura—indias, europeas, africanas, orientales. Todos somos portadores de estas culturas, a veces la carga ha sido ligera, a veces ha sido pesada. Pero ninguno de nosotros existiría sin las biografías, la lengua y los sueños de nuestros antepasados.

Cuando era niño, a menudo visitaba a mis abuelos aquí, en Veracruz. Y mirando las olas me imaginaba que venían desde el Mediterráneo, desde Grecia y Sicilia y Andalucía, por el Atlántico hasta mis pies. Pero me gustaba imaginar también que las olas del Golfo de México regresaban hasta el Mediterráneo y España. Hoy me pregunto: ¿Qué mensaje llevaría esta doble corriente? Bueno, si yo echara una botella al mar, con un mensaje para España, le recordaría que en la América Española, somos algo más que españoles, somos indios y negros, y sobre todo, mestizos. América es un continente multirracial. Pero también le recordaría al Nuevo Mundo, que la propia España no es sólo la España cristiana, sino también la España árabe y judía. De esta manera, trataría de demostrarme a mí mismo que formo parte de una civilización extraordinariamente rica y compleja.

DESPUÉS DE VER

1. ¿Por qué es especial "La Parroquia" para Carlos Fuentes?
2. ¿De dónde eran los bisabuelos de Carlos Fuentes?
3. ¿Qué culturas representa la civilización española?

GRAMÁTICA EN BREVE

El pretérito

The preterite is the simple past tense in Spanish. It indicates an action or series of actions beginning or ending in the past:

Mi padre y mi abuelo **nacieron** aquí.	*My father and my grandfather were born here.*
Mis antepasados maternos **vinieron** de otra parte.	*My maternal ancestors came from elsewhere.*
El hombre flaco **habló** de esta manera.	*The thin man spoke like this.*
Los hombres **subieron** a sus embarcaciones y **desaparecieron** para siempre.	*The men boarded their boats and disappeared forever.*

ORTOGRAFÍA

Las letras **c, s** y **z**

Unlike English, Spanish spelling rules generally follow closely the way words are pronounced. A few letters can cause confusion because they represent the same sound but are used in words with different meanings:

La **S**ierra Nevada	la ca**s**a (*house*)
Cierra la puerta, por favor.	la ca**z**a (*hunt*)

The plural form of words ending in -**z** is -**ces.**

el pe**z** >	los pe**c**es	una ve**z** >	dos ve**c**es

Watch out for interference from English phonetics: The Spanish letters **s** or **z** are never pronounced with he "buzzing" sound of the English **s** (e.g. "roses") or **z** (as in "zone"), with the following exception: **s** or **z** before the consonants **m, n, d, g, b, v, l** is voiced (uttered with a "buzzing" sound):

de**s**de	mi**s**mo	a**s**no	ju**z**gar	die**z** monedas

> Note: In most of northern and central Spain, the letter **c** before **e** or **i** and the letter **z** are pronounced differently from the letter **s**; their sound resembles the English **th** as in **think**.

CONTRASTE CULTURAL

Con la llegada de Colón al Caribe, pronto los conquistadores penetraron el continente. Luego, casi cien años después, los primeros peregrinos ingleses llegaron a la costa este de Norteamérica. Los dos grupos coincidieron en que las tierras ya estaban pobladas por indígenas. Pero de ahí las diferencias eran enormes: las civilizaciones de los aztecas, de los mayas y de los incas ya reflejaban una historia bien desarrollada, una historia que se remontaba a siglos anteriores. Incluso, en algunos casos se han encontrado restos de culturas que habían florecido y desaparecido durante los siglos anteriores.

En comparación con los grupos de Mesoamérica como los aztecas, y de Suramérica como los incas, los indígenas de Norteamérica no estaban tan desarrollados en varios aspectos, pero en otros quizás más. Contaban con su propia labor, lo que la naturaleza les podía dar: las tierras, los bosques, los ríos y el mar, la caza y la pesca.

Pero la otra gran diferencia se encuentra en quiénes eran los conquistadores españoles y quiénes eran los peregrinos ingleses. Cortés vino con un grupo de jóvenes, solteros en su mayoría, sin mujeres, sin familias y sin expectativas de volver a la patria, España. El mestizaje era casi inevitable. Los peregrinos ingleses vinieron casi siempre como familias o, a veces, eran hombres cuyas familias iban a seguirlos más tarde.

1. ¿Cómo se compara la situación actual de los indígenas de las dos Américas (hispanohablante y anglófona)?

2. ¿Cómo se compara la imagen que los anglófonos de Norteamérica tienen de ellos mismos con la que se nota en un mexicano como Fuentes (o un colombiano como García Márquez o una chicana como Sandra Cisneros)?

3. Existe el peligro de juzgar el pasado según nuestros conceptos modernos de lo que *queremos ser*. ¿Conoce ejemplos concretos de la reinterpretación de la historia (es decir, la manipulación de los hechos históricos) para lograr un propósito particular?

Vocabulario útil

actual	*present, current*
anglófono /a	*English-speaking*
lograr	*to accomplish*
propósito	*purpose, aim*

Un ritual en Chichicastenango, Guatemala. ¿Qué elementos culturales se mezclan en esta escena?

LITERATURA

SELECCIÓN 1: *"Los descubridores"*

Sobre el autor

HUMBERTO MATA nació en 1949 en Tucupita, Delta del Orinoco, Venezuela. Es uno de los cuentistas más distinguidos de Venezuela y Latinoamérica. Además de los cuentos en *Imágenes y conductos* (Caracas: Monte Ávila, 1970) en que se encuentra el cuento que reproducimos aquí, ha publicado varias colecciones que él llama "personales": *Pieles de leopardo* (1978), *Luces* (1983), *Boquerón y otros relatos* (2002), todos en la misma editorial. Para consultar un texto crítico sobre el autor se puede leer el artículo "El viaje y sus constelaciones: La narrativa de Humberto Mata" de Víctor Bravo en la *Revista de Literatura Hispanoamericana*, Julio-Diciembre 1998, Universidad del Zulia, Maracaibo.

El autor es también muy activo en el mundo del arte. Ha escrito prólogos para muchas exposiciones no sólo en Caracas, sino también en París, Sao Paulo y Moscú. Es actualmente Presidente de la Fundación Biblioteca Ayacucho de Caracas.

. . . .

delta *mouth of a river*
ambiente *environment*
lluvioso /a *rainy*
inundar *to flood*
llevar por dentro *to carry within*
grueso /a t *heavy, large*
embarcación *small boat*
barco *large boat, ship*
perplejo-a *perplexed, confused*
presa *catch, quarry*
cacho *horn*
equivocarse de ruta *to go the wrong way*

Los descubridores   (Humberto Mata)

Cierta vez—de eso hace ahora mucho tiempo—fuimos visitados por gruesos hombres que desembarcaron en viejísimos barcos. Para aquella ocasión todo el pueblo se congregó en las inmediaciones de la playa. Los grandes hombres traían abrigos y uno de ellos, el más grande de todos, comía y bebía mientras los demás dirigían las pequeñas embarcaciones que los traerían hasta la playa. Una vez en tierra—ya todo el pueblo había llegado—los grandes hombres quedaron perplejos y no supieron qué hacer durante varios minutos. Luego, cuando el que comía finalizó la presa, un hombre flaco, con grandes cachos en la cabeza, habló de esta manera a sus compañeros: Amigos, nos hemos equivocado de ruta. Volvamos. Acto seguido todos los hombres subieron a sus embarcaciones y desaparecieron para siempre.

Desde entonces se celebra en nuestro pueblo—todos los años en una fecha determinada—el desembarco de los grandes hombres. Estas celebraciones tienen como objeto dar reconocimiento a los descubridores.

. . . .

Comentario y discusión

1. ¿En qué se diferencian estos descubridores de Cristóbal Colón?
2. ¿Qué hacen cuando desembarcan en la playa?
3. ¿Qué navegantes, anteriores a Colón, podrían ser estos descubridores?
4. ¿Por qué celebran los habitantes del lugar la llegada de estos descubridores?
5. ¿Qué nos quiere decir el autor sobre el tema del descubrimiento de América?
6. Carlos Fuentes dice que todos los que vivimos en las Américas somos inmigrantes. Escriba un párrafo expresando su opinión sobre esta idea.
7. Fuentes afirma que Latino América es un continente multirracial. ¿Se puede decir lo mismo de la sociedad norteamericana?

SELECCIÓN 2: *"Oyamel"*

Sobre la obra

Cuando los españoles llegaron a Mesoamérica, la civilización maya estaba en decadencia. Había pasado su cumbre a finales del siglo anterior (s. XIV). Sin embargo, su cultura no había desaparecido del todo: la gente seguía hablando los mismos dialectos que antes y, más importante para los historiadores, todavía quedaban leyendas y reportajes escritos. Hay que resaltar la importancia de estos documentos en comparación con otras culturas desaparecidas, cuyos orígenes son mucho más difíciles de analizar porque no nos dejaron nada semejante—los Anasazi del Chaco o los indios Pueblo—gente que habitó la región que hoy es el suroeste norteamericano.

Desgraciadamente, los españoles, en su afán de borrar la cultura maya que consideraban "pagana" y de convertir al cristianismo a los indígenas, destrozaron la mayoría de sus escritos. Sin embargo, la combinación de los documentos restantes y la tradición oral sirvió de base para transmitir algunas de esas leyendas precolombinas.

Y ¿quién mejor para hacerlo que el distinguido maestro de cultura y letras mexicanas, don Luis Leal? Reproducimos aquí con su generoso permiso una de esas leyendas compiladas en su libro *Mitos y leyendas de México*.

decadencia *decline*

cumbre *apex, highest point*

resaltar   *to emphasize*

semejante *similar*

desgraciadamente
    unfortunately

afán *eagerness, zeal*

borrar *to erase*

. . . .

Oyamel (Luis Leal)

Entre los antiguos zapotecas en Oaxaca existió un joven príncipe que era no sólo valiente sino también muy hermoso; todas las jóvenes, desde la más humilde hasta la más encumbrada, estaban enamoradas de él. Pero el joven, deseando dedicar todas sus energías a ayudar a su anciano padre a gobernar el reino, no tenía tiempo para dedicarse a aventuras amorosas.

Y dicen que la fama del príncipe se extendió tanto que llegó no sólo a otras regiones de Anáhuac y el mundo, sino hasta el reinado de las estrellas, donde se supo de sus hazañas.

Una de las más hermosas estrellas, Oyamel, escuchó la historia del príncipe y sin conocerlo se enamoró de él y decidió bajar a la Tierra para estar cerca del apuesto joven.

Un día, cuando sus hermanas estaban dormidas—pues es de día cuando ellas duermen—, Oyamel se escapó del cielo. En la forma de hermosa joven pronto llegó a Oaxaca. A pesar de sus muchas ocupaciones, el joven príncipe no dejaba de dedicarse a la cacería.

Una vez, cuando volvía al palacio de una de esas excursiones, se encontró en el camino con una hermosa campesina. Admirado de la hermosura de la joven, detuvo el caballo y con gran cortesía preguntó:

—¿Quién eres? No te había visto antes en esta comarca.

La joven, alegre de poder por fin hablar con el príncipe, sin ruborizarse le contestó:

—Soy Oyamel, campesina, y vivo en este hermoso valle.

Despúes de haber charlado brevemente con la hermosa joven, el príncipe volvió al palacio. Esa noche, sin embargo, no pudo dormir, pues la imagen de la bella campesina no lo abandonaba. Por primera vez en su vida se sintió enamorado.

Al día siguiente, como de costumbre, el príncipe volvió al campo para cazar. Pero ahora llevaba un interés más, y era el de poder ver a la joven otra vez. Y una vez más, de regreso al palacio se encontró con la linda campesina.

Los encuentros se repitieron con frecuencia y las conversaciones se prolongaban más y más. Dándose cuenta de que su vida no podía continuar de esa manera, un día el príncipe le preguntó a Oyamel:

—¿Quieres ser mi esposa?

La joven, que estaba sumamente enamorada de él, aceptó la propuesta sin dudar ni un momento.

Lleno de júbilo, el joven levantó a Oyamel en sus fuertes brazos y la llevó al palacio. El mismo día la presentó a su anciano padre, a los ministros y a los consejeros, a quienes dijo:

—Pienso casarme con esta joven.

El rey y los ministros inmediatamente dieron su consentimiento para que el príncipe se casara con la joven, a pesar de que era campesina.

¿Y qué pasaba en el cielo? Las estrellas, al darse cuenta de la misteriosa ausencia de Oyamel, decidieron que una de ellas bajara a la Tierra para averiguar el destino de la hermosa joven.

Y así se hizo. Una de las estrellas bajó a la Tierra y pronto se enteró del proyectado casamiento de Oyamel. Sin perder tiempo volvió al cielo y comunicó la noticia a sus hermanas, quienes la recibieron con gran sorpresa. Pronto enviaron a otra mensajera para que le avisara que, si insistía en casarse con un mortal, que se transformaría en flor para el resto de su vida.

La mensajera encontró a Oyamel ya vestida con el traje blanco de las novias.

—Puedes casarte—le dijo—pero sólo serás esposa por un día y una noche. Al día siguiente de la boda, te convertirás en flor para siempre jamás. Al desaparecer la mensajera, Oyamel se puso sumamente triste, pues no quería desobedecer a sus hermanas. Al mismo tiempo, su amor por el príncipe era tan grande que decidió no seguir el consejo y casarse.

Las bodas fueron de lo más espléndido que se había visto en muchos años. Las fiestas terminaron felizmente. Pero a la mañana siguiente, el príncipe descubrió con gran sorpresa que su bella esposa no estaba a su lado. Inmediatamente mandó a todos sus vasallos en su busca, pero todo fue en vano.

Un día se le presentó una estrella en forma de ser alado, quien le reveló el secreto de la desaparición de su esposa:

—Oyamel—le dijo—es ahora una flor en el lago junto al palacio, una bella flor color rosado y de delicado tallo.

El príncipe, desesperado al oír la noticia, rogó al ser alado que lo transformara a él también en flor para unirse con su amada.

príncipe *prince*

encumbrado /a *exalted, honored*

reino *kingdom*

hazaña *great deed*

apuesto *handsome*

cacería *hunt*

comarca *district*

ruborizarse *to blush*

consejero *advisor*

darse cuenta de *to realize*

sumamente *exceedingly*

ausencia *absence*

averiguar *to determine*

enterarse *to realize*

mensajera *messenger*

avisar *to warn*

traje *outfit*

consejo *advice*

vasallo *vassal, subject*

alado *winged*

tallo *stem*

rogar *to beg*

lograr *to manage*

hallar *to find*

esbelto *slender*

sedoso *silky*

A la mañana siguiente, los sirvientes no encontraron al príncipe en su habitación. Y aunque lo buscaron por todas partes, no lograron hallarlo.

Alguien, sin embargo, notó que en el lago junto al palacio había una flor más, una flor de color rojo y esbelto tallo. Estaba junto a la flor rosada de sedosos pétalos. El amor había triunfado.

· ·

Comentario y discusión

1. ¿Quién era Oyamel y de dónde vino?

2. ¿Por qué se escapó de sus hermanas?

3. ¿Por qué el príncipe no había tenido aventuras amorosas antes?

4. ¿Qué le pasó a Oyamel el día después de la boda?

5. ¿Cómo se enteró el príncipe de lo que le había pasado a Oyamel?

6. La última línea de la leyenda es: "El amor había triunfado." ¿Está usted de acuerdo?

7. Las leyendas modernas se representan en el cine, la televisión o las novelas (por ejemplo, *Star Wars* y sus personajes o la serie de libros de Harry Potter). ¿Se le ocurren ejemplos similares?

8. ¿Cuáles son las características de una leyenda en "Oyamel"?

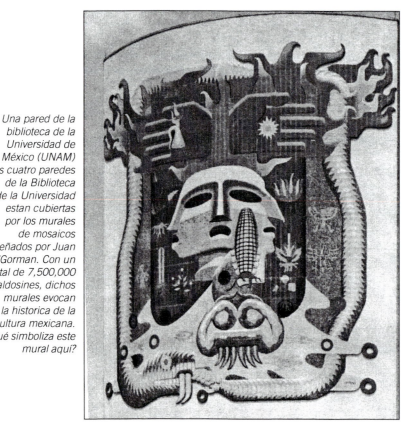

Una pared de la biblioteca de la Universidad de México (UNAM) Las cuatro paredes de la Biblioteca de la Universidad estan cubiertas por los murales de mosaicos diseñados por Juan O'Gorman. Con un total de 7,500,000 baldosines, dichos murales evocan la historica de la cultura mexicana. ¿Qué simboliza este mural aquí?

NOTAS DE LENGUA

El español de las Américas: Influencias indígenas

La empresa colonial español tuvo bastante éxito en la implantación de la lengua castellana en las Américas. Pero todavía se ven fuertes influencias de las lenguas y culturas originales del hemisferio. De hecho, una razón principal por la tremenda variación del español en las Américas es la diversidad lingüística que encontraron los colonos y la interacción persistente a través de los siglos posteriores al primer contacto.

En los casos de la imposición de una lengua en una comunidad lingüística, los expertos han identificado dos tipos de relaciones entre las lenguas originales y la recién llegada (en nuestro caso, el español). En el Perú, por ejemplo, todavía existen muchos hablantes nativos del quechua. Se puede notar efectos lingüísticos en su español debido al **adstrato**, que se define como una lengua que coexiste geográficamente o en una comunidad bilingüe, que en este caso es el quechua.

En otras zonas de las Américas las lenguas indígenas ya no existen o son moribundas, pero el contacto continuo con el español durante siglos (con un probable bilingüismo) ha teñido el español de la región con rasgos que no pertenecen al español internacional. En este caso las lenguas indígenas funcionan como **sustrato**, o lengua histórica que deja huellas en otra.

Para los hablantes monolingües del español, estas influencias se notan principalmente en el vocabulario—expresiones que denotan plantas, prácticas culturales, etc., de la región—o en hábitos fonéticos y la entonación. Menos frecuentes son las estructuras gramaticales que varían del español internacional, pero sí ocurren en el habla de los hablantes bilingües.

A continuación se dan algunos ejemplos de la variación en el español americano debida a influencias indígenas.

	Ejemplo	Español internacional
Léxico (vocabulario) dialectal		
uso de palabras de origen indígena, a veces para denominar productos o fenómenos locales	choclo (Perú, del quechua)	maíz
	popote (México, del náhuatl)	pajita
	pololo/a (Chile, del mapudungun)	novio/a
Fonética dialectal		
el quechua sólo tiene las vocales **a**, **i**, **u**, pues en el español del Perú a veces se confunden **e/i** y **o/u**	me veda	mi vida
	pichu	pecho
Sintaxis (gramática)		
el quechua pone el verbo al final de la oración	Sí, señor, hombre bueno es (Perú)	Sí, señor, es un hombre bueno
uso de **dar** + gerundio para los mandatos en quechua	dame comprando unas espermitas (Ecuador)	cómprame una velas

EN RESUMEN

¿Qué significa la palabra "*Mestizaje*"?

¿Qué grupos étnicos están representados en el México de hoy? ¿En qué partes del país se encuentran estos varios grupos? ¿Qué importancia política tienen?

LOS CONQUISTADORES

AGENDA: TEMAS IMPORTANTES

1. ¿Qué motivos tenían los españoles en la conquista de las Américas?

2. En vista del número superior de los indígenas, ¿cómo pudieron Cortés y Pizarro dominarlos?

3. ¿Cómo se comparan las civilizaciones azteca e incaica con las que existían en Norteamérica?

ORIENTACIÓN CRONOLÓGICA

1492   Cristóbal Colón llega a las islas del Caribe.

1500   Pedro Alvares Cabral con destino a India se equivoca y llega a una desconocida costa: la de Brasil, que está en la zona portuguesa según el Tratado de Tordesillas.

1503   Se establece en Sevilla la Casa de Contratación para controlar el comercio con las Américas. También es legalizado el sistema de la *encomienda* que en efecto distribuye la población indígena entre los colonos españoles.

1512   Con la mayoría de los indígenas muertos de enfermedades y abusos, las Leyes de Burgos son introducidas con la intención de aliviar la situación.

1513   Conquista de Cuba y Puerto Rico; Ponce de León llega a Florida y la declara territorio español.

1521   Hernán Cortés termina la conquista del imperio azteca.

1535   Francisco Pizarro conquista el imperio de los incas. El primer virrey llega a México y ocho años más tarde, otro llega al Perú.

1545   El descubrimiento de grandes yacimientos de plata en Potosí, Bolivia.

INTRODUCCIÓN

En el video y comentario de este capítulo, Carlos Fuentes nos presenta un resumen breve pero gráfico de la conquista: primero, la derrota de los aztecas, quienes creían que Hernán Cortés y los españoles representaban el retorno de su mítico dios, Quetzalcóatl. Engañado y desarmado por su propia mitología, ni Moctezuma, el emperador azteca, ni el príncipe Cuauhtémoc pudieron defenderse contra estos invasores que parecían todopoderosos con sus armas y sus caballos. Entre la descripción de los mismos indios en sus códices y el libro de Bernal Díaz de Castillo,* quien era uno de los soldados de Cortés, se puede comprender lo que significó la sangrienta destrucción de una sociedad y su gente.

Después de conquistar a los aztecas de México, algunos de los españoles siguieron hacia el sur, al Perú, donde reinaban los Incas. El video traza la ruta que tomaron Pizarro y sus tropas hasta encontrar el otro gran Imperio de las Américas. La historia de este encuentro, no menos sangrienta según detallan varios autores, resultó en convertir en colonia española a los ricos y vastos territorios andinos.

Incluimos en este capítulo el poema dedicado a Machu Picchu de Pablo Neruda. Contiene la reacción del poeta chileno al ver la ciudad misteriosa en un viaje que hizo en 1943. Neruda es sin duda el poeta más famoso del siglo XX en Latinoamérica. Aunque la poesía de cualquier época puede reflejar la historia, nunca es un puro documental histórico. Es más bien la expresión interior de lo que experimenta un poeta.

1. En la frase "el retorno de su mítico dios, Quetzalcóatl," ¿qué significa en este contexto la palabra "mítico"?
2. Aunque se les llama "indígenas" a todos los habitantes precolombinos de las Américas, ¿cuál es la evidencia de que no representaban una cultura homogénea?

* Díaz del Castillo, Bernal. *Historia de la Conquista de la Nueva España*. México: Porrúa, 1960.

GUIÓN - *El espejo enterrado*

El 16 de agosto de 1519 se inició la gran marcha. La ciudad de México se encontraba a 400 kilómetros al oeste, más allá de los grandes volcanes Popocatépetl e Ixtaccíhuatl.

En sus códices, los indios dejaron sus propias impresiones de la expedición en su paso por la montaña. Cortés descubrió que sus nuevos aliados indígenas podían caminar veinte kilómetros diarios cargando equipajes de más de cien kilos. Y al menos uno de los españoles, por lo visto, se dejó cargar cómodamente. Muchos pueblos se unieron a los españoles, aprovechando la oportunidad de rebelarse contra Moctezuma. Pero para Cortés y sus hombres, la verdadera recompensa fue mirar, al fin, la maravillosa ciudad del lago. "Nos quedamos admirados"—escribió Bernal Díaz—"y decíamos que si aquello que veíamos, si no era entre sueños."

Monumento de la civilización Olmec

En una de las calzadas que conducían a la ciudad, tuvo lugar uno de los grandes encuentros de la historia. Cortés, el hombre de acción, no tenía más virtud que su propia voluntad. Pero para Moctezuma, el capitán español era un dios, Quetzalcóatl, que regresaba en la fecha prevista. "Bienvenido," le dijo el emperador azteca. "Te hemos estado esperando. Esta es tu casa. Ahora descansa." La voluntad venció a la fatalidad: Cortés pagó la hospitalidad de Moctezuma secuestrándole, mientras los españoles destruían las imágenes de los dioses y en sus lugares levantaban altares cristianos.

*   *   [1'00]   *   *

Los aztecas, encabezados por el joven príncipe Cuauhtémoc, combatieron con coraje. Pero el suyo era un mundo sagrado, cuya caída había sido prevista por los viejos libros de la memoria. "¡Preparaos, hermanitos míos! Ya viene el blanco gemelo del cielo. ¡Ay, será de noche para nosotros cuando vengan! ¡Ay, hermanitos míos, viene el peso del dolor y el tiempo de la miseria: el hombre blanco ha venido a castrar el sol!"

La capital azteca cayó al fin, después de un sangriento sitio, en 1521. El último poeta azteca se preguntó sin esperanzas: "¿Adónde iremos, mis amigos? El humo se levanta, la niebla se extiende, las aguas de la laguna están rojas. Llorad, oh llorad, pues hemos perdido la nación azteca." El tiempo del Quinto Sol había concluido.

Cuando todo terminó, cuando Moctezuma fue reducido al silencio por las piedras de su propio pueblo, que lo mataron, cuando Hernán Cortés fue reducido al silencio por la Corona Española, que le negó poder político, quedó finalmente la voz de Marina, la voz de la Malinche, la voz de Malintzín, voz de la tierra, voz genésica, voz del sexo y del lenguaje porque ante todo, Marina, la Malinche, Malintzín, es quien da a luz al primer mexicano, simbólicamente, al hijo del conquistador y de la Malinche, el primer mexicano, español e indio, europeo y americano, y establece a través de ello el hecho central del mestizaje, que caracteriza nuestra civilización multirracial.

*   *   [0'15"]   *   *

En 1530, nueve años después de la derrota de los aztecas, Francisco Pizarro, un soldado brutal e iletrado, desembarcó en el Ecuador con 180 hombres y emprendió la conquista del Perú. Encontró un país devastado por la Guerra civil. Huáscar, el legítimo emperador, había sido derrocado por su medio hermano Atahualpa. Pizarro invitó a Atahualpa a una reunión en la ciudad de Cajamarca. La situación era ideal para la conquista: un río revuelto.

Para el pueblo quechua, el Inca era un dios, el descendiente del sol. Dentro de la ciudad, se encontró a la merced de Pizarro. Desarmados, los guardias de Atahualpa trataron desesperadamente de proteger al Inca; algunos perdieron las manos, cortadas mientras portaban la litera imperial.

Ni un solo soldado español murió o fue herido.

Como precio de su libertad, Atahualpa ofreció llenar una gran sala con oro, hasta la altura de un hombre. Pero Pizarro no cumplió su promesa con el Inca. Atahualpa hubo de escoger entre ser quemado como pagano o convertirse al cristianismo primero y luego ser ahorcado. El emperador pidió que se le bautizara. Se dice que sus últimas palabras fueron: "Mi nombre es Francisco. Ese es mi nombre para la muerte."

Piedra en la piedra, pero el hombre, ¿dónde? La ciudadela escondida de Machu Picchu, que los españoles nunca encontraron, se levanta como el testigo final de la gloria de los incas.

Maravilla la precisión con la que los muros fueron ensamblados, sin beneficio de argamasa. Cuando las piedras eran demasiado pesadas, eran abandonadas en el camino y llamadas "piedras cansadas." No más fatigadas, sin duda, que los hombres que las acarrearon.

Ante los ojos de los españoles, un inmenso paisaje, una riqueza inmensa se desplegaba ahora hacia el norte y hacia el sur del Ecuador. Empeñados en encontrar las ciudades de oro, los conquistadores hubieron de aprender que la riqueza del Nuevo Mundo sólo provendría de los ilimitados recursos de la tierra misma. El Dorado era una ilusión.

DESPUÉS DE VER

Conteste las siguientes preguntas según el guión del vídeo.

1. ¿Qué fue la Ciudad del Lago?
2. ¿Qué representaba Cortés para Moctezuma?
3. Identifique las siguientes personas:
    a. Quetzalcóatl
    b. Cuauhtémoc
    c. La Malinche
4. Explique quiénes fueron las siguientes personas en la conquista del Perú.
    a. Huáscar
    b. Atahualpa
    c. Francisco Pizarro
5. ¿Qué paralelos hay en la manera que empleó Cortés para dominar a los aztecas y la de Pizarro en la conquista de los incas?
6. Machu Picchu es considerada una de las maravillas arquitectónicas del mundo. ¿Por qué?

Hernán Cortés

Francisco Pizarro

GRAMÁTICA EN BREVE

El imperfecto

The imperfect is used to express ongoing actions in the past and past descriptions. It is also used to set the stage for specific acts that took place in the past, which are expressed using the preterit.

Machu Picchu **era** desconocido hasta el año 1911 cuando el Senador Bingham (EE.UU.) lo **descubrió**.	*Machu Picchu was unknown until 1911, when U.S. Senator Bingham discovered it.*
Según la leyenda, la Llorona **era** una mujer que siempre **llevaba** la cara cubierta con un rebozo. Pronto se supo que sus hijos **estaban** perdidos.	*According to the legend, La Llorona was a woman who always had her face covered by a shawl.*
Un día, cuando sus hermanas **estaban** dormidas, Oyamel se escapó del cielo.	*One day, when her sisters were sleeping, Oyamel escaped from heaven.*
En la mañana el príncipe descubrió que su bella esposa no **estaba** a su lado.	*In the morning the prince discovered that his beautiful wife was not at his side.*

ORTOGRAFÍA

Las letras **c**, **k** y **q**

The letter **k** is not a part of the Spanish alphabet. It appears only in a few words of foreign origin:

> kilo   kinder(garten)   kilómetro   kiosko   kimono

The [k] sound is spelled with the Spanish sequence **qu** (the **u** is silent) before the vowels **e** or **i**:

> que   choque   quien   Quito

The sound [kw] is represented by the letters **cu** plus another vowel:

> cuota   cuando

LITERATURA

SELECCIÓN 1: *"Alturas de Machu Picchu"*

Contexto histórico

Machu Picchu es una especie de ciudad-fortaleza construida en lo que es hoy Perú. En verdad se sabe poco de quiénes la construyeron, en qué años y por qué. Los conquistadores encontraron Cuzco, la capital de los incas, pero nunca supieron que a sólo unos sesenta kilómetros estaba la misteriosa Machu Picchu. Ubicada arriba del río Urubamba, cuyas aguas entran en las selvas amazónicas, la construcción quedó desconocida hasta el año 1911 cuando un senador del congreso norteamericano, Hiram Bingham, la descubrió en un viaje de exploración.

Sobre la obra

PABLO NERUDA es el poeta más distinguido de Hispanoamérica en el siglo XX. A veces su poesía es bastante complicada y llena de gran sensibilidad, como la que incluimos aquí. Pero también escribió una gran variedad de poemas como sus odas dedicadas a cosas cotidianas: las legumbres, las frutas, los animales. Sus obras pueden ser tristes o alegres, serias o humorísticas, pero siempre llenas de imágenes interesantes.

Machu Picchu, Perú

escala *ladder*

maraña *thickets*

morada *home, dwelling*

vestiduras *dress (here, for sleeping)*

cuna *cradle*

mecer *to rock*

espina *thorn*

espuma *foam, sperm*

arrecife *reef*

aurora *dawn*

granizo *hail*

primera arena *primeval sand*

hebra dorada *golden fleece*

guarida *eyrie, nest*

carnicera *meat-laden*

oquedad *cistern (of water)*

tacto *touch*

aceitó *oiled*

de azahar *of citrus blossoms*

férrea *iron-like*

lustrando *polishing*

el recinto *area*

CLAVE LITERARIA

la oda: poema en celebración de algo o alguien

la imagen: en la poesía, representación de algo mediante una parte o símbolo (por ejemplo, metáfora o símil)

El siguiente poema viene de una pequeña colección de doce poemas, titulada "Alturas de Machu Picchu", pero sólo el poema VI está dedicado explícitamente a la ciudad andina. No es una lección sobre su historia o su gente que todavía quedan envueltas en misterio y silencio interrumpidos sólo por la frecuente intrusión de turistas. El poema está basado en los recuerdos de Neruda sobre su visita a este lugar en su viaje de vuelta a Chile en 1943.

Las imágenes de este poema representan preguntas más que declaraciones, quizás porque hay tanto que no sabemos de Machu Picchu.

. . . .

Alturas de Machu Picchu   (Pablo Neruda)

Entonces en la escala de la tierra he subido
entre la atroz maraña de las selvas perdidas
hasta ti, Machu Picchu.

Alta ciudad de piedras escalares
por fin morada del que lo terrestre
no escondió en las dormidas vestiduras.
En ti, como dos líneas paralelas,
la cuna del relámpago y del hombre
se mecían en un viento de espinas.
Madre de piedra, espuma de los cóndores.
Alto arrecife de la aurora humana.
Pala perdida en la primera arena.

Esta fue la morada, este es el sitio:
aquí los anchos granos del maíz ascendieron
y bajaron de nuevo como granizo rojo.

Aquí la hebra dorada salió de la vicuña
a vestir los amores, los túmulos, las madres,
el rey, las oraciones, los guerreros.

Aquí los pies del hombre descansaron de noche
junto a los pies del águila, en las altas guaridas
carniceras, y en la aurora
pisaron con los pies del trueno la niebla enrarecida,
y tocaron las tierras y las piedras
hasta reconocerlas en la noche o la muerte.

Miró las vestiduras y las manos,
el vestigio del agua en la oquedad sonora,
la pared suavizada por el tacto de un rostro
que miró con mis ojos las lámparas terrestres,
que aceitó con mis manos las desaparecidas
maderas: porque todo, ropaje, piel, vasijas,
palabras, vino, panes,
se fue, cayó a la tierra.

Y el aire entró con dedos
de azahar sobre todos los dormidos:
mil años de aire, meses, semanas de aire,
de viento azul, de cordillera férrea,
que fueron como suaves huracanes de pasos
lustrando el solitario recinto de la piedra.

Pablo Neruda

Comentario y discusión

1. ¿Qué emociones contienen las palabras siguientes: **atroz**, **maraña**, **selvas perdidas**?

2. ¿Cuál es el efecto de la repetición de estas palabras: **alta**, **piedra**, **perdida**, **morada**?

3. ¿Qué efecto produce la mención de las aves y la vicuña?

4. ¿Qué imágenes reflejan la muerte de los habitantes de Machu Picchu?

5. ¿Es posible convertir todos los sentidos y emociones del poema en prosa? Explique su perspectiva personal, y en un grupo de tres o cuatro estudiantes comparen sus impresiones.

Moctezuma, Cortés y la Malinche

dignatarios *dignitaries, important persons*

seudónimo *pseudonym (false or literary name)*

las letras *literary arts, literature*

faena *task, endeavor*

quehacer *task, undertaking*

rudo *crude, impolite*

podía conmigo más *would have a greater effect (negative)*

enterada de *aware of*

a instancias de *at the suggestion of*

doctor *here: doctors of philosophy, etc.*

asombró *astonished*

náhuatl *indigenous language of Mexico*

la vida cortesana *life of the royal court*

menesterosos *persons in need*

desoló *destroyed*

"La Décima Musa" *in Greek mythology there were nine godesses (muses) presiding over literature, arts, and science, hence, a reference to a "new" muse*

póstuma *posthumous, after death*

primero sueño *(in modern Spanish, the -o is omitted before singular masculine nouns)*

SELECCIÓN 2: *"Hombres necios que acusáis"*

Sobre la autora (ensayo de Luis Leal)

SOR JUANA INÉS DE LA CRUZ (1648-1695) es el nombre que Juana Inés de Asbaje, nacida el 12 de noviembre en la Hacienda de San Miguel de Nepantla, al pie de los volcanes, tomó al entrar en el convento de San Jerónimo en la ciudad de México el 24 de febrero de 1669. Durante su vida en el convento reunió una biblioteca de unos 4,000 libros sobre literatura, historia y ciencias. Más importante, allí se dedicó a escribir poesía, dramas, autos sacramentales, villancicos, loas y algunas prosas.

La actividad literaria de parte de las monjas no era aceptada por los dignatarios de la iglesia, y el obispo de Puebla, bajo el seudónimo, Sor Filotea, le recomendó a Sor Juana que dejara las letras y se dedicara a las faenas religiosas. En su *Respuesta a Sor Filotea,* larga carta escrita el primero de marzo de 1691, Sor Juana defiende y justifica sus quehaceres literarios y, a la vez, nos habla de su vida.

Ahí nos dice que a los tres años aprendió a leer, que se abstenía de comer queso, porque oyó decir "que hacía ruidos, y podía conmigo más el deseo de saber que el de comer". A los siete años quería ir a la universidad vestida de hombre, pero su madre no le permitió. Ella entonces se dedicó a leer los muchos libros que tenía su abuelo. A los ocho años compuso sus primeros poemas. La virreina, enterada de su talento, en 1665 la hizo pasar a la capital del virreinato para que le sirviera de dama. A instancias del virrey Mancera, Juana discutió sobre ciencias, humanidades, filosofía y otras materias con los doctores de la

CLAVE LITERARIA

el auto sacramental: drama depicting religious mysteries

el villancico: Christmas carol (drama)

la loa: elegy (poem in honor of someone)

la prosa: prose

el estilo barroco: En todas las obras de Sor Juana se nota el estilo barroco como en los ilustres autores españoles, Francisco de Quevedo y Luis de Góngora. Aparte del estilo, el contenido es indudablemente feminista, como es evidente en el poema antes citado, quizá el más famoso de todos. Aunque Sor Juana muere a fines del siglo XVII, su obra sigue moderna y de gran relevancia en la actualidad.

El estilo barroco llegó a ser dominante en Hispanoamérica, en las artes plásticas, la arquitectura y la literatura. Se puede resumir lo barroco en unas frases:

- Las cosas no son lo que parecen.
- Lo que es realidad y lo que es ilusión: el resultado desengaña.
- Una afición por el juego de palabras.

universidad, a quienes asombró con sus respuestas. Su conocimiento de las lenguas era sorprendente. El latín lo había aprendido en veinte lecciones; en sus villancicos, además del español, el latín y el náhuatl, usa el español de los indígenas y los afrocaribeños.

No era la vida cortesana lo que atraía a Juana Inés, sino el desarrollo de su talento. Fue en el convento donde encontró tiempo y quietud para escribir casi todas sus obras. Allí murió el 17 de abril ayudando a los menesterosos durante la epidemia que desoló a la ciudad en 1695.

La obra literaria de Sor Juana, a quien se le dio el nombre de "La Décima Musa" asombra por la variedad de formas, la profusión de imágenes originales, el dominio de las formas y los géneros y por la profundidad de los pensamientos que expresa. Afortunadamente, su obra fue recogida en tres volúmenes publicados en España: *Inundación castálida* (*Flood from the Muses' Springs*, 1689); *Segundo volumen de la obra de Sor Juana Inés de la Cruz* (1691) y *Fama y obra póstuma del Fénix de México, Décima Musa* (1700).

Entre las más importantes obras de Sor Juana se encuentran sus sonetos, el auto *El divino narciso* (1690), el poema filosófico *El primero sueño,* algunos de sus villancicos y las redondillas "Hombres necios que acusáis / a la mujer sin razón / sin ver que sois la ocasión / de lo mismo que culpáis". Este poema nos permite considerar a Sor Juana como una de las primeras feministas hispanoamericanas. Esas redondillas, y sus sonetos, que forman lo más conocido y leído de Sor Juana, son verdaderas joyas literarias. Pero, a pesar de su gran valor, Sor Juana consideraba digna de su pluma una sola composición, "El Primero sueño", poema cuyo tema es el conocimiento humano. Este poema, que puede ser considerado como la obra más importante de la literatura colonial hispanoamericana, tiene una compleja elaboración intelectual y las originales imágenes que lo estructuran captan con sorprendente efecto el viaje alegórico del alma, que durante el sueño se purifica, con el propósito de penetrar las leyes del universo. Esta obra, y en verdad la producción total de Sor Juana, sigue intrigando a los amantes de las letras. El valor formal, lo profundo de los sentimientos y la rica imaginación, entre otros valores, aseguran a Sor Juana un lugar permanente en las letras universales.

1. ¿A qué dedicó su vida Sor Juana cuando estaba en el Convento de San Jerónimo?

2. ¿Qué provocó a Sor Filotea escribirle a Sor Juana la famosa carta?

3. ¿Cómo respondió Sor Juana?

4. ¿Qué significa en la época moderna llamar feminista a una mujer?

5. Sor Juana era feminista en el Siglo de Oro, cuando la mujer tenía que ser esposa o monja. ¿Han cambiado mucho las limitaciones hoy para las mujeres?

Hombres necios que acusáis (Sor Juana de la Cruz)

(Arguye de inconsecuentes el gusto y la censura de los hombres
que en las mujeres acusan lo que causan.)

ocasión *cause*

culpáis *you (pl.) blame*

con ansia *here: with determination*

desdén *indifference*

obren bien *they do well*

las incitáis al mal *you tempt them to be bad*

con gravedad *solemnly*

liviandad *frivolity, flightiness*

diligencia *persistence*

necio *foolish*

el coco = *figura diabólica para asustar a los niños*

Thais = *cortesana griega con fama de ser liviana*

Lucrecia = *romana que representa la fidelidad conyugal*

Hombres necios que acusáis
a la mujer, sin razón,
sin ver que sois la ocasión
de lo mismo que culpáis:

Si con ansia sin igual
solicitáis su desdén
¿Por qué queréis que obren bien,
si las incitáis al mal?

Combatís su resistencia,
y luego con gravedad,
decís que fue liviandad
lo que hizo la diligencia.

Parecer quiere el denuedo
de vuestro parecer loco,
al niño que pone el coco
y luego le tiene miedo.

Queréis con presunción necia,
hallar a la que buscáis,
para pretendida, Thais,
y en la posesión, Lucrecia.

¿Qué humor puede ser más raro
que el que, falto de consejo,
él mismo empaña el espejo,
y siente que no esté claro?

Con el favor y el desdén
tenéis condición igual,
quejándoos, si os tratan mal,
burlándoos, si os quieren bien.

Opinión, ninguna gana;
pues la que más se recata,
si no os admite, es ingrata,
y si os admite, es liviana.

Siempre tan necios andáis,
que, con desigual nivel,
a una culpáis por cruel,
y a otra por fácil culpáis.

¿Pues cómo ha de estar templada
la que vuestro amor pretende,
si la que es ingrata, ofende,
y la que es fácil enfada?

Mas, entre el enfado y pena
que vuestro gusto refiere,
bien haya la que no os quiere
y quejaos en hora buena.

Dan vuestras amantes penas
a sus libertades alas,
y después de hacerlas malas,
las queréis hallar muy buenas.

¿Cuál mayor culpa ha tenido
en una pasión errada:
la que cae de rogada,
o el que ruega de caído?

¿O cuál es más de culpar,
aunque cualquiera mal haga
la que peca por la paga,
o el que paga por pecar?

¿Pues para qué os espantáis
de la culpa que tenéis?
Queredlas cual las hacéis.
O hacedlas cual las buscáis.

Dejad de solicitar
y después, con más razón,
acusaréis la afición
de la que os fuere a rogar.

Bien con muchas armas fundo
que lidia vuestra arrogancia,
pues en promesa e instancia
juntáis diablo, carne y mundo.

Comentario y discusión

1. ¿A quién dirige la poeta su mensaje?
2. ¿Cuáles son las referencias a la seducción de la mujer por parte del hombre?
3. ¿Qué tipo de lenguaje emplea Sor Juana, abierto o rebuscado?
4. Hay muchas oposiciones en el poema como: bien y mal, solicitar y rogar. ¿Cómo las emplea Sor Juana para indicar la paradoja entre el deseo de los hombres para casarse y su concepto romántico de la mujer ideal?

SELECCIÓN 3: *La llorona*

Sobre la obra (ensayo de Luis Leal)

Ocurrió que después de la Conquista de México por los soldados de Hernán Cortés, en 1521 los vecinos de la ciudad que entonces se llamaba la gran Tenochtitlán oían a media noche, y principalmente cuando había luna, unos tristes y prolongados gemidos que parecían ser el llanto de una mujer muy dolorida.

Durante los primeros meses ni los más valientes soldados conquistadores se atrevían a salir por la calle después de media noche, la hora que con más frecuencia se oía el aterrador llanto.

Sin haber visto nada y sin estar seguros de ello, la mayoría opinó que se trataba de un fantasma, pues el llanto, que llegaba desde largas distancias, siempre era muy claro y no parecía el de un ser humano. Algunos decían que habían visto al fantasma. Después de muchas tentativas por fin se descubrió que se trataba de una mujer vestida de blanco que llevaba la cara cubierta con un espeso rebozo también blanco. Sin saber con seguridad quién sería la misteriosa mujer, se le dio el nombre de la Llorona, con el cual hasta hoy se le conoce.

Pronto se supo que la Llorona era una mujer que había perdido a sus hijos. Según algunos, ella misma los había matado y ahora, arrepentida, los buscaba por la noche sin poder encontrarlos.

Y también dicen que la Llorona, no encontrando a sus hijos en la ciudad de México, comenzó a aparecerse por las calles de otras ciudades. Pero siempre fue con el mismo vestido blanco y el mismo rebozo que le cubría la cara, que ningún ser humano lograba contemplar. Y lo más extraordinario es que se aparecía al mismo tiempo en varias ciudades de México, Centroamérica y Aztlán.

No todos creen que la mujer vestida de blanco llora porque asesinó a sus hijos. Los indígenas de México la temen porque dicen que es la diosa Cihualcóatl, que desde los tiempos del rey Moctezuma anda llorando por las calles de la ciudad y diciendo:

—¡Oh, hijos míos! ¡Ay, desdichada de mí, que tengo que abandonarlos!

Y tal vez tengan razón, pues Fray Bernardino de Sahagún, el famoso historiador del siglo XVI, autor de la *Historia de las cosas de la Nueva España*—como se llamaba México antes de la Independencia—, nos dice que los aztecas creían en una diosa llamada Cihuacóatl [mujer serpiente] que por las noches volaba y gritaba buscando a sus hijos muertos. Añade que era una mujer vestida de blanco.

Si para los aztecas la Llorona era la diosa Cihualcóatl, para los mestizos no es otra que doña Marina, la Malinche, la mujer que ayudó a los españoles a conquistar a México y con quien Hernán Cortés tuvo hijos. Se dice que el Conquistador se quería llevar a sus hijos a España, pero que la Malinche, para evitarlo, les dio muerte y los arrojó a uno de los muchos canales que entonces existían en la ciudad de México. Doña Marina nunca se arrepintió y desde entonces recorre las calles por la noche buscando a sus hijos. Otros dicen que la Malinche no anda en busca de sus hijos, sino que viene del otro mundo a penar, arrepentida de haber traicionado a los de su raza al haberse puesto al servicio de los conquistadores.

Los niños son los que más temen a la Llorona y no se atreven a salir de noche. Y menos cuando hay luna. A pesar de que la mamá siempre dice a sus hijos, "¡Pórtense bien, porque si no, viene la Llorona y se los lleva!", muchos desobedecen y se portan mal. Entonces viene la Llorona y se los lleva por los aires. No se les vuelve a ver más. Las madres los buscan por todas partes, pero al no encontrarlos, dicen "¡Sin duda se los llevó la Llorona!"

Cuando en los pueblos la gente oye ladrar a los perros dice, "ya los perros le están ladrando a la luna, ¿quién estará para morir? ¿Será don Pedro, el rico del pueblo?" Pero no son los perros los que ladran, es la Llorona, que grita con una voz que da miedo:

—¿Dónde están mis hijos? ¿Dónde están mis hijos?
Y de pronto desaparece.

El lamento de la Llorona se oye sobre todo por las noches cuando hay viento. Su voz parece que viene de muy lejos, pero poco a poco se va acercando hasta que se oye su horrible grito, un grito que congela la sangre. Y como siempre repite:

—¿Dónde están mis hijos? ¿Dónde están mis hijos?

Aunque esta leyenda es antigua, todavía hoy las madres dicen a sus hijos que si no se portan bien se los llevará la Llorona.

CLAVE LITERARIA

Las leyendas tienen su origen en las historias relatadas por la gente de una generación a la otra. Algunas han persistido por siglos hasta hoy. En el caso de "La llorona," la integración de la leyenda fantástica en una canción encantadora ha elevado mucho su popularidad, no sólo en la música de los CDs sino también en la televisión.

El corrido de La llorona   *(tradicional)*

Dicen que no tengo duelo, Llorona,
porque no me ven llorar.
Hay muertos que no hacen ruido, Llorona,
y es más grande su penar.

Ay de mí, Llorona,
Llorona de azul celeste,
no dejaré de quererte, Llorona
y aunque la vida me cueste.

Si al cielo subir pudiera, Llorona,
las estrellas te bajarán,
la luna a tus pies pusiera, Llorona,
con el sol te coronara.

Todos me dicen el negro, Llorona,
negro pero cariñoso. (bis)*
Yo soy como el chile verde, Llorona,
picante pero sabroso.

Ay de mí Llorona, Llorona de ayer y hoy,
(bis)*
ayer era maravilla, Llorona
y ahora ni sombra soy.
(bis)*

Ay de mí, Llorona,
Llorona de negros ojos.
ya con ésta se despide, Llorona,
tu negrito soñador.

significa que se repite

Comentario y discusión

1. La leyenda de La Llorona tiene varias versiones. En su ensayo, Luis Leal incluye tres. ¿Qué tienen en común las tres versiones?

2. ¿Cómo difiere cada una de las otras?

3. ¿Qué importancia tienen los suguientes lugares o personajes en las leyendas de la Llorona?

   - Tenochtitlán

   - La diosa Cihualcóatl

   - La Malinche

4. En este corrido, ¿cuál es la perspectiva de la persona que canta? (por ejemplo, de un pariente, un maestro, un fantasma?)

5. ¿Cuáles palabras o frases introducen la idea de la muerte?

6. ¿Cuáles son los colores usados en el corrido? ¿Qué efecto producen estos colores al tono general?

7. ¿Cuál es la emoción indicada con la comparación "Yo soy como el chile verde … picante pero sabroso"?

NOTAS DE LENGUA

Orígenes de algunos problemas de ortografía

El estudiante del español, tanto hispanohablante monolingüe como anglohablante, descubre muy temprano que el deletreo en español es bastante fácil, debido a la correspondencia casi exacta entre los sonidos y las letras que usamos para representarlos. Las lenguas como el inglés y el francés presentan más arbitrariedad en su sistema ortográfico, y hasta los niños monolingües tienen que esforzarse más a la hora de aprender a leer y escribir según las normas establecidas.

Debido a la historia del español, sí existen algunos casos en los que la ortografía no corresponde fácilmente a la fonética de la lengua. En general, los problemas ortográficos nacen de los cambios fonéticos históricos, procesos naturales que sufren todas las lenguas del mundo. La pronunciación tiende a cambiar más rápido que la manera de escribir los sonidos, y los escritores siguen usando letras que ya no representan los sonidos actuales.

Por ejemplo, la palabra **guerra** se introdujo en el latín del germánico WERRA (cf. inglés 'war'), y se pronunciaba [gwerra].* En latín se escribía GUERRA; la combinación GU siempre se pronunciaba [gw], a pesar de la vocal que le seguía. Pero un cambio fonético en el desarrollo del castellano convirtió [gw] delante de las vocales [e] o [i] en [g] ([gwerra > gerra]. Los escribanos seguían escribiendo **guerra** a pesar de que la letra **u** ya no tenía valor fonético.

En el castellano medieval, la letra **z** y la **c** con **e** o **i** se pronunciaban como [ts] (o [dz]), y la **s** como la **s** castellana moderna, así que se oía una distinción entre los sonidos iniciales de **cera** [tsera] y **seria** [seria]. En el siglo XVII, algunos dialectos simplificaron el [ts] a [s] (sur de España), y en el norte cambiaron el [ts] a [θ] (como 'th' del inglés 'think'). Los dialectos del sur, con sólo [s], son los que se implantaron en las Américas, donde hoy en día las palabras **cera** y **seria** empiezan con el mismo sonido.

El siguiente gráfico expone las principales dificultades con las combinaciones de ciertas consonantes (a la izquierda) con las vocales. Nótense especialmente las combinaciones con [e] e [i]:

	[a]	[e]	[i]	[o]	[u]
[k]	casa	queso	quito	cosa	cubrir
[g]	gato	guerra	guitarra	gota	gusano
[kw]	cuando	cuento	cuido	cuota	-----
[gw]	guante	güero	pingüino	antiguo	-----
[θ] (sólo España)	zapato	cera	cigarro	zorro	zumo
[s] (Américas)	sapo zapato	seria cera	sigo cigarro	sopa zorro	suma zumo
[x]	jarro	jerga gente	jinete gigante	jota	jugar

Los demás problemas ortográficos con **b/v** y **y/ll** también vienen de cambios fonéticos históricos. En muchos casos, la ortografía diferente indica que en otra época las palabras se pronunciaban de manera distinta.

*Nótese que los corchetes ([...]) se usan para indicar la pronunciación, con símbolos fonéticos, no letras ortográficas.

EN RESUMEN

¿Cómo pudieron dominar los españoles a los indígenas que ya vivían en lo que hoy llamamos Latinoamérica?
¿Se puede defender los métodos que emplearon para establecer su dominio?

Teotihuacan

LA INDEPENDENCIA:
Bolívar y San Martín

AGENDA: TEMAS IMPORTANTES

1. ¿Quiénes eran los grupos sociales más dedicados a la independencia de las Américas?

2. ¿Qué intereses económicos tenían los criollos?

3. ¿Qué paralelos hay entre la historia de Norteamérica y Latinoamérica? ¿Qué diferencias?

ORIENTACIÓN CRONOLÓGICA

1654   Los holandeses controlan la tercera parte del Brasil.

1695   Se descubre oro en el interior del Brasil (Minas Gerais).

1776   La creación del Virreinato de la Plata (hoy Argentina, Uruguay, Paraguay, Bolivia, partes de Chile y del Brasil) por Carlos III de Borbón, rey de España.

1804   Haití se declara independiente de Francia.

1810   El padre Hidalgo inicia la lucha por la independencia de México con su famoso "Grito."

1811   Derrota y ejecución de Hidalgo y los otros rebeldes anti-coloniales.

          Paraguay y la Argentina se declaran independientes.

1821   México, Perú y Centroamérica (una parte del virreinato de la Nueva España) alcanzan su independencia.

          Se declaran independientes en los años indicados: Chile (1818), Brasil (1822), Bolivia (1825), Uruguay (1828), Colombia, Venezuela, Ecuador (todos alcanzan su independencia con la disolución de la Gran Colombia (1830), Cuba (1898), Panamá (1903).

1848   La Guerra entre México y los EE.UU: México pierde la mitad de su territorio (hoy California, Nuevo Mexico y Arizona).

1884   La Guerra del Pacífico: Chile contra Perú y Bolivia.

Encuentro de libertadores: Simón Bolívar y José de San Martín se reunieron el 26 de julio de 1822 en la ciudad ecuatoriana de Guayaquil. Bolívar, ya presidente de Colombia, prometió su apoyo a San Martín en la lucha por la independencia del Perú.

INTRODUCCIÓN

Este capítulo es sobre el siglo XIX, el de la independencia para Hispanoamérica. Estados Unidos ya había rechazado el dominio de Inglaterra en la Guerra Revolucionaria de 1776. En Europa la monarquía francesa cayó con la Revolución Francesa cuando el pueblo se negó a aguantar la miseria en que vivía la mayoría frente a la opulenta vida del rey Luis XVI y su corte. Las ideas de libertad penetraron en todas las Américas y uno por uno los países hispánicos declararon su independencia, empezando en 1811 con Paraguay y Argentina.

aguantar to *tolerate*

opulento /a *rich, affluent*

fiasco *complete blunder, failure*

prensa *press, newspapers*

patria *native land, homeland*

empresa *firm, company*

sólo para acabar *only to end up*

ciudadano /a *citizen*

coloso *giant*

En 1898, Estados Unidos inició una guerra contra España, en la que perdió ésta sus últimas colonias: Cuba, Puerto Rico y las Islas Filipinas. La guerra fue un fiasco provocado por una combinación de la prensa de William R. Hearst y elementos imperialistas dentro del gobierno norteamericano. El resultado nunca fue puesto en duda y las tropas estadounidenses intervinieron al lado de los rebeldes cubanos que lucharon por su libertad.

El gran autor y poeta, José Martí, murió en una de las batallas contra los soldados españoles. Martí dedicó su vida a la liberación de su patria. Reproducimos uno de sus poemas más famosos, "Yo soy un hombre sincero", que tiene su eco en la canción popular *Guantanamera*.

Aunque ganó su independencia, Cuba llegó a ser dependiente económicamente de las grandes empresas norteamericanas, que convirtieron la isla y sus industrias en una colonia para su beneficio. Puerto Rico también se liberó de los españoles sólo para acabar siendo un territorio estadounidense, situación que sigue hasta hoy. Para la mayoría de los puertorriqueños es una situación con bastantes beneficios, sobre todo en su economía y desarrollo y los derechos (viajar, por ejemplo) que reciben siendo ciudadanos norteamericanos.

En general la esporádica pero constante intervención de Estados Unidos en los asuntos hispanoamericanos ha causado conflicto dentro de los países hispánicos. Esto ha disminuido cuando el "coloso del norte" les ha prestado atención a otras partes del mundo.

1. En el período de más poder español en Norteamérica, ¿hasta dónde se extendieron las colonias españolas?
2. ¿Qué territorios perdió México—ya un país independiente de España—en la guerra con los Estados Unidos?
3. Al concluir la guerra entre España y los Estados Unidos, Cuba y Puerto Rico, antes colonias españolas, quedaron independientes pero no en una situación política idéntica. Explique la diferencia entre las dos islas.

GUIÓN - *El espejo enterrado*

Todos los años, la noche del 15 de septiembre, un millón de mexicanos se reúne en la gran plaza central de la ciudad de México, el Zócalo, para celebrar el Grito de la Independencia, lanzado por el padre Miguel Hidalgo en 1810.

Un grito de rebelión, escuchado desde México hasta la Argentina, a pesar de las enormes distancias y el aislamiento, demostró que la América española había adquirido una personalidad básica, común, durante los años coloniales.

El presidente de México sale a tocar la campana de la libertad en el balcón del Palacio Nacional. La campana recuerda que la lucha por la libertad y la independencia en Hispanoamérica ha sido larga y difícil y aún no termina.

Esta es la historia del nacimiento de las naciones de Hispanomérica. A finales del siglo XVIII, la América española tenía la sensación de vivir encerrada detrás de los muros de una fortaleza colonial. Los hispanoamericanos querían comerciar libremente con el mundo, retener sus propias riquezas y obtener mayor representación política. Querían, sobre todo, afirmar su propia identidad después de 300 años de dominio colonial español.

*   *   [1'00]   *   *

En toda la América Española, los comerciantes, los intelectuales, el bajo clero y los oficiales de las milicias locales empezaron a discutir la manera de satisfacer sus aspiraciones.

El mundo se renovaba. La rebelión de las colonias inglesas de Norteamérica fue seguida por la Revolución Francesa. Ahora los hispanoamericanos también se preguntaron: "¿Qué nos impide ser naciones independientes y democráticas?" Es la pregunta que se hizo a sí mismo un joven aristócrata venezolano, nervioso e impaciente, con una mente tan alerta como sus ardientes ojos negros. Su nombre: Simón Bolívar.

Durante un viaje a Europa en 1804, las ideas y las metas de Bolívar empezaron a definirse.

*   *   [2'00]   *   *

El 5 de julio de 1811, sin esperar que la situación en España se aclarase, Venezuela declaró su independencia.

*   *   [1'00]   *   *

Del otro lado de los Andes estaban Ecuador y Perú. Bolívar soñaba no sólo con la independencia de la América Española, sino con su unidad. "No somos indios ni europeos," dijo, "somos un pequeño género humano, poseemos un mundo aparte."

*   *   [2'00]   *   *

El gran organizador de la victoria fue un oficial del ejército argentino llamado José de San Martín. Meticuloso y paciente, San Martín, como Bolívar, era un comandante militar de genio. La inmensa barrera de los Andes había impuesto una división inmóvil entre las fuerzas independientes de Buenos Aires y las fuerzas realistas atrincheradas en el virreinato del Perú.

San Martín decidió romper la parálisis y la decisión. Como Aníbal en la antigüedad, se propuso guiar a sus hombres hasta el punto más alto de las montañas y tomar por sorpresa al enemigo. Desde la ciudad de Mendoza, al pie de la montaña, San Martín se dedicó a organizar un ejército capaz de expulsar para siempre a España del cono sur del continente. Les arrancó joyas a los ricos, camisas y ponchos a los pobres, y cornetas a los viejos soldados. Fabricó sus propios cañones, su pólvora y sus uniformes.

*   *   [1'00]   *   *

Con él iban 5.000 hombres, mulas, caballos, 18 piezas de artillería y provisiones, incluyendo una carreta llena de trigo. Todo lo había previsto el genio de San Martín. La campaña sería larga y dura: albañiles y panaderos, linternas y tanques de agua, así como un carruaje lleno de mapas.

Ascendieron 4.000 metros hasta la cumbre más alta de Sudamérica, el poderoso Aconcagua, desafiando los vientos y el hielo y la ceniza volcánica. Las avanzadas del ejército combatieron a las pequeñas guarniciones realistas en los pases de la montaña. Pero también combatieron el soroche, la enfermedad de las alturas, el mareo y vómito.

Al llegar al punto más elevado de la cordillera, de las 10.000 mulas que iniciaron el ascenso, sólo 4.000 sobrevivían. Pero más allá del dato histórico, ¿qué significa para nosotros hoy esta gran epopeya del ejército de los Andes? Bueno, yo creo que aquí se alcanzaron no sólo grandes alturas físicas sino grandes alturas morales.

*　*　*　*　*

La madrugada del 8 de febrero de 1817, el ejército de San Martín estaba al otro lado de la cordillera, frente a Chile. Uniendo sus fuerzas a las de su aliado chileno, Bernardo O'Higgins, y sin esperar siquiera la artillería, San Martín descendió sobre las fuerzas españolas en Chacabuco. Después de la batalla, 500 realistas yacían muertos, y sólo doce insurgentes. Del Atlántico al Pacífico, el sur del continente era libre. San Martín rechazó cualquier honor político y nombró a O'Higgins Director Supremo de Chile.

Eran los días de la Gloria. El 10 de Julio de 1821 los granaderos victoriosos entraron en Lima y proclamaron la independencia del Perú.

Simón Bolívar (1783-1830)

Monumento a San Martín Plaza San Martín, Buenos Aires, Argentina

DESPUÉS DE VER

1. El Siglo XIX trajo la independencia de las colonias españolas. ¿Qué había pasado en el mundo como precedentes para tales movimientos?
2. ¿Qué quería decir Bolívar cuando dijo "no somos indios ni europeos"?
3. ¿Qué contribuyó decisivamente a la derrota de las fuerzas españolas en Chile?

GRAMÁTICA EN BREVE

El participio pasado

The past participle of regular verbs is formed by replacing the infinitive ending **–ar** with **–ado** and **–er** and **–ir** with **–ido**.

ech**ar** > ech**ado**   crec**er** > crec**ido**   her**ir** > her**ido**

A. Adjectival uses

The past participle can be used as an adjective, in which case it must agree in gender (masculine or feminine) and number (singular or plural) with the word modified.

un general **llamado** San Martín	*a general called San Martín*
la batalla **ganada** en el siglo anterior	*the battle won in the previous century*
los indígenas **derrotados** por los españoles	*the natives defeated by the Spanish*

A number of past participles are irregular. Because they are commonly used, they should be memorized:

decir	**dicho**	hacer	**hecho**	poner	**puesto**
ver	**visto**	escribir	**escrito**	volver	**vuelto**
abrir	**abierto**	morir	**muerto**	romper	**roto**

B. Compound tenses

The past participle is used in compound tenses with **haber** to form the perfect tenses. When so used the participle does not change for either gender or number. The verb **haber** is conjugated to reflect the person, number, and mood required by the meaning of the sentence.

present perfect: he comido, has comido, ha comido, hemos comido, habéis comido, han comido

past perfect: había comido, habías comido, había comido, habíamos comido, habíais comido, habían comido

future perfect: habré comido, habrás comido, habrá comido, habremos comido, habréis comido, habrán comido

conditional perfect: habría comido, habrías comido, habría comido, habríamos comido, habríais comido, habrían comido

present perfect subjunctive: haya escrito, hayas escrito, haya escrito, hayamos escrito, hayáis escrito, hayan escrito

past perfect subjunctive: hubiera escrito, hubieras escrito, hubiera escrito, hubiéramos escrito, hubierais escrito, hubieran escrito

(The imperfect subunctive has alternate forms of **haber**: hubiese escrito, hubieses…, hubiese…, hubiésemos…, hubieseis…, hubiesen….)

C. Passive voice

The passive voice uses a form of the verb **ser** and the past participle, which must agree in gender and number with the subject:

El emperador **fue condenado** a muerte.

The emperor was condemned to death.

La independencia **fue ganada** por la mayoría de las colonias en el siglo XIX.

Independence was gained by most colonies in the 19th century.

El poema **fue escrito** por José Martí.

The poem was written by José Martí.

While the passive voice does exist in Spanish, it is used much less frequently than in English. Spanish prefers the active voice, using the impersonal **se** or word order to avoid expressing the agent explicitly.

La mayoría de las colonias ganaron la independencia en el siglo XIX.

Most colonies gained their independence in the 19th century.

El poema lo escribió José Martí.

The poem was written by José Martí.

ORTOGRAFÍA

Las vocales

Spanish has five vowel sounds, written with six letters: **a, e, i, o, u, y**. The letter **y** is pronounced as [i] in word-final position and when it means "and":

estoy   [estoi]   **hay**   [ai]   **y**   [i]

Spanish vowels are always clear and relatively short. English, in contrast, has long and short vowels (compare the length of the vowels in *day* and *met*). Also, in English, a reduced or neutral vowel (called "schwa") is used when the vowel is unaccented; note the change in the pronunciation of the two *a*'s in an English word like *awake* ([əwéik]). But Spanish never changes the pronunication of the vowel, whether it be in an initial, internal, or final syllable.

manzana   bebe   crisis   doctor   Uruguay

In some dialects of "tierras altas" or highlands areas, vowels (especially **e**) become voiceless or are deleted when at the end of the word or between certain consonants. In central Mexico, for example, the phrase **las part<u>e</u>s de los coch<u>e</u>s** may sound like **las parts de los cochs**.

LITERATURA

SELECCIÓN 1: *"Yo soy un hombre sincero"*

Este poema de JOSÉ MARTÍ, cubano, refleja la vida del poeta. Las estrofas, muchas autobiográficas, tienen una unidad de tema. Algunas son aforismos que en pocas palabras expresan una idea con gracia que da placer. El tono en general es de una persona enamorada de la vida, de su patria, de la naturaleza.

Sobre el autor

Para entender este poema hay que saber algo de la vida de José Martí. El poeta cubano dedicó su vida a la patria. Su dedicación fue total, sacrificando casi todo por la causa: ganar la independencia de la isla de España. Fue encarcelado por las autoridades varias veces, sufriendo en una ocasión una herida en la pierna que le dejó lisiado para el resto de su vida. Tuvo que vivir en el extranjero frecuentemente exiliado. En uno de esos períodos de destierro en Guatemala se casó con la hija de otro cubano exiliado. En 1879 tuvieron un hijo, pero entonces tuvo que emigrar a Nueva York, donde trabajó como corresponsal para varios periódicos y continuó organizando el movimiento para la liberación de Cuba. De vuelta en Cuba en 1895 proclamó el principio de la revolución para la independencia, pero murió en la primera batalla contra las tropas realistas. Tenía 42 años. Para los cubanos ha sido siempre el héroe inmortal y el gran patriota del país.

. . . .

Yo soy un hombre sincero (José Martí)

Yo soy un hombre sincero
de donde crece la palma,
y antes de morirme quiero
echar mis versos del alma.

Yo vengo de todas partes,
y hacia todas partes voy,
arte soy entre las artes,
en los montes, monte soy.

Yo sé los nombres extraños
de las yerbas y las flores,
y de mortales engaños,
y de sublimes dolores.

Yo he visto en la noche oscura
llover sobre mi cabeza
los rayos de lumbre pura
de la divina belleza.

Alas nacer vi en los hombros
de las mujeres hermosas,
y salir de los escombros,
volando las mariposas.

He visto vivir a un hombre
con el puñal al costado,
sin decir jamás el nombre
de aquella que lo ha matado.

Rápida como un reflejo,
dos veces vi el alma, dos:
cuando murió el pobre viejo,
cuando ella me dijo adiós.

Temblé una vez—en la reja,
a la entrada de la viña—,
cuando la bárbara abeja
picó en la frente a mi niña.

Gocé una vez, de tal suerte
que gocé cual nunca—cuando
la sentencia de mi muerte
leyó el alcaide llorando.

Oigo un suspiro a través
de las tierras y la mar,
y no es un suspiro,—es
que mi hijo va a despertar.

Si dicen que del joyero
tome la joya mejor,
tomo a un amigo sincero
y pongo a un lado el amor.

Yo he visto al águila herida
volar al azul sereno,
y morir en su guarida
la víbora del veneno.

Yo sé bien que cuando el mundo
cede, lívido, al descanso,
sobre el silencio profundo
murmura el arroyo manso.

Yo he puesto la mano osada,
de horror y júbilo yerta,
sobre la estrella apagada
que cayó frente a mi puerta.

Oculto en mi pecho bravo
la pena que me lo hiere:
el hijo de un pueblo esclavo
vive por él, calla y muere.

Todo es hermoso y constante,
todo es música y razón,
y todo, como el diamante,
antes que luz es carbón.

Yo sé que el necio se entierra
con gran lujo y con gran llanto,
y que no hay fruta en la tierra,
como la del camposanto.

Callo, y entiendo, y me quito
la pompa del rimador:
cuelgo de un árbol marchito
mi muceta de doctor.

crece *grows*
echar *to throw out (here: to make known)*
extraños *strange*
yerbas *grasses*
engaños *deceits*
lumbre *light, fire*
escombros *rubble*
puñal *dagger*
costado *side (of body)*
reja *bar, grate*
gocé *I enjoyed (< gozar)*
alcaide *prison governor*
suspiro *sigh*
águila *eagle*
víbora *viper*
cede *yields*
murmura *whispers*
manso *tame*
osada *daring*
yerta *rigid*
oculto *I hide*
el pecho *breast, chest*
bravo *wild*
hiere *wounds (< herir)*
calla *is silent*
necio *fool*
lujo *luxury*
llanto *cry of grief*
camposanto *cemetery*
cuelgo *I hang up (< colgar)*
marchito *withered*
muceta *academic hood*

. . . .

Comentario y discusión

A. Comprensión por estrofas. Conteste las siguientes preguntas según las estrofas indicadas entre paréntesis.

(1) ¿Cómo sirve de introducción esta estrofa?

(2) ¿Qué oposición hay entre *las artes* y *los montes*?

(3) ¿Qué oposición hay entre *las yerbas y las flores* y en cambio *los engaños y dolores*?

(4) ¿Qué representan *los rayos de lumbre*?

(5) ¿Qué referencias hay a las mujeres?

(6) ¿Cómo expresa el fracaso de sus amoríos?

(7) ¿Qué efecto se produce cuando se repite la palabra *dos*? ¿A qué se refiere?

(8-9) En estas dos estrofas Martí está relatando eventos importantes en su vida. ¿Cuáles pueden ser?

(10) ¿Qué representa *el hijo que va a despertar*?

(11) ¿Qué preferencia expresa entre la amistad de un *amigo sincero* y *el amor*?

(12) ¿Qué oposición hay entre las dos imágenes: *el águila herida* y *la víbora del veneno*?

Catedral, La Habana, Cuba

(13-14) La acentuación antepenúltima (esdrújula) no es casual. ¿Qué efecto produce la repetición de dos palabras acentuadas así?

(13) ¿Qué efecto produce la aliteración en las palabras *murmura* y *manso*?

(15) Martí fue revolucionario y su causa fue la libertad de su patria. ¿Qué palabras expresan su sentimiento de patriotismo?

(16) ¿Cómo expresa el proceso lento que al fin produce la libertad?

(18) La última estrofa expresa la humildad del poeta. ¿En qué estrofa expresó antes el mismo sentimiento?

B. Discusión. Conteste estas preguntas con unos compañeros de clase.

1. ¿Qué palabras reflejan la naturaleza en el sentido más amplio?

2. Algunas veces el poeta se refiere a sí mismo, como integrándose en la descripción, el "yo" del poema. Basándose en lo que el poeta nos dice de sí mismo, ¿cómo era Martí? Cuando se describe como "hombre sincero," ¿qué quiere decirnos?

3. De vez en cuando hay referencias de algo que ha pasado en su vida. ¿Puede encontrarlas? ¿Cuáles son algunas posibles interpretaciones?

SELECCIÓN 2: *Guantanamera*

. . . .

Guantanamera   (Canción popular)

Guantanamera, guajira guantanamera,
Guantanamera, guajira guantanamera.

Yo soy un hombre sincero
de donde crece la palma
y antes de morirme quiero
echar mis versos del alma.

Mi verso es de un verde claro
y de un carmín encendido,
mi verso es de un verde claro
y de un carmín encendido.
Mi verso es un ciervo herido
que busca en el monte amparo.

Con los pobres de la tierra
quiero yo mi suerte echar.
Con los pobres de la tierra
quiero yo mi suerte echar.
El arroyo de la sierra
me complace más que el mar.

Guantanamera, Guajira, Guantanamera,
Guantanamera, Guajira, Guantanamera.

. . . .

guajira *girl from Guantánamo*
crece *grows*
echar *to throw out (here: to make known)*
carmín *red*
encendido *flaming*
ciervo *deer*
amparo *refuge*
suerte *luck; fate*
arroyo *brook*
me complace *pleases me*

NOTAS DE LENGUA

El español de Suramérica

El español, también llamado castellano, tiene sus orígenes en el latín hablado en la península ibérica a finales del imperio romano (siglo V d.C.). Ya en el siglo VIII, a la hora de la invasión musulmana, existían muchas variedades regionales (o "dialectos") del latín hablado.

A medida que va avanzando la reconquista (711-1492), los grupos cristianos bajan de norte a sur, y los hablantes de los respectivos "dialectos" del romance ocupan los territorios inmediatamente al sur de sus tierras originales. A partir de esa época, el éxito político y militar de los castellanos resulta en la dominación lingüística de la península, a expensas de los demás grupos lingüísticos.

Pero el castellano nunca fue un habla homogénea; entre los castellano-parlantes había variación dialectal. Los hablantes de la zona sur (Andalucía) ya se distinguían en el s. XV de los del centro/norte. El habla de Toledo (centro de España, sede de la corte real después de la toma de la ciudad en 1085) tenía mucho prestigio, pero competía con el habla de Sevilla (sur), ciudad rica gracias al puerto que tenía el monopolio de comercio con las nuevas colonias americanas a partir del siglo XVI.

Esta división norte-sur de España se exportó a las Américas con la colonización. Muchos oficiales de la corte (Toledo, y luego Madrid) se asentaron en las capitales virreinales de las colonias (México, Cuzco, Potosí), que por razones históricas se encuentran en tierras con elevación alta (mesetas, altiplanos y montañas). Los marineros y otros inmigrantes que pasaron por el puerto de Sevilla se quedaron en las zonas costeras (el Caribe, Chile, Argentina), con altitud baja, llevando consigo las hablas del sur de la península. Así se da el contraste entre los dialectos de "tierras altas" y "tierras bajas" en las Américas de habla española; explica por qué el español de la ciudad de México se parece más al español de La Paz, Bolivia (dos lugares de tierras altas) que al de Cuba (tierra baja), que queda más cerca.

Las dos características fonéticas más reconocibles de los diferentes dialectos se dan a continuación:

Rasgo	Tierras altas	Tierras bajas
la **s** final de sílaba	siempre se pronuncia las casas = [las.ka.sas]	casi siempre se aspira ("se come", suena como [h] del inglés "happy") o desaparece las casas = [lah.ka.sah] o [la.ka.sa]
r y **l** finales de sílaba	siempre se pronuncian como se escriben dar una vuelta = [dar una buelta]	a veces se confunden: dar una vuelta = [dal una buelta] (Puerto Rico), [dar una buerta] (Sevilla, España)

Por supuesto, otras diferencias entre el español de España y el de las Américas, y entre los diferentes dialectos dentro de las Américas, vienen de influencias de las lenguas indígenas del hemisferio occidental.

1. ¿Qué dialectos del español conoce usted? ¿Qué rasgos lingüísticos caracterizan cada variante (vocabulario, sonidos, estructuras, entonación, etc.)?
2. Busque las siguientes ciudades en un mapa de geografía física, anotando la altitud de cada lugar. Indique si según la altitud es una zona de "tierras altas" o "tierras bajas". Luego, compare los rasgos dialectales dentro de cada grupo.

Bogotá, Colombia	Buenos Aires, Argentina
Caracas, Venezuela	Cuzco, Perú
La Habana, Cuba	La Paz, Bolivia
Lima, Perú	México (Distrito Federal)
San Juan, Puerto Rico	Santiago de Chile

EN RESUMEN

¿Por qué se rebelaron los españoles nacidos en las Américas (los Criollos) contra el país que había sido su patria (España)?

BENITO JUÁREZ Y LA INVASIÓN FRANCESA:

Maximiliano

AGENDA: TEMAS IMPORTANTES

1. ¿Quién era Benito Juárez?

2. ¿Por qué es considerado un héroe nacional en México?

3. ¿Por qué rechazaron los mexicanos la imposición francesa de Maximiliano de los Habsburgos?

ORIENTACIÓN CRONOLÓGICA

1823   El Presidente de los EE.UU., James Monroe, promulga la Doctrina Monroe prohibiendo cualquier intervención en el hemisferio occidental.

1857   Nueva constitución adoptada en México, con fuerte oposición de los conservadores y la Iglesia.

1861   La Guerra de la Reforma; los conservadores son derrotados.

1864   Los franceses sufren una derrota en Puebla. Vuelven y establecen al Archiduque Maximiliano de Habsburgo como Emperador de México.

1867   Maximiliano y su ejército, con la salida de las tropas francesas, son derrotados. Maximiliano es capturado y fusilado. Juárez y los liberales, triunfantes, reestablecen la Reforma.

1877   Empieza el gobierno del dictador General Porfirio Díaz, llamado el "Porfiriato" por su larga duración hasta 1910.

1888   Abolición de la esclavitud en Cuba y en Brasil.

1898   La Guerra entre Estados Unidos y España, en la que España pierde sus últimas colonias en las Américas (y las Islas Filipinas).

1903   El congreso de los Estados Unidos impone la enmienda Platt en la Constitución Cubana. Estados Unidos gana el derecho permanente de usar la bahía de Guantánamo como una base militar y naval. Se construye el canal de Panamá.

INTRODUCCIÓN

En los años después de ganar su independencia, México sufrió la tiranía del general mexicano Santa Ana, quien se declaró presidente repetidas veces. Durante su gobierno, el país entró en una guerra con los Estados Unidos; México perdió la mitad de su territorio nacional, desde Tejas hasta California. El Partido Liberal y los mexicanos se rebelaron. Apareció un líder, el abogado Benito Juárez.

Juárez fue para México el arquitecto de una nueva forma de gobierno, una república democrática. Pero no faltaban enemigos en contra de tal idea: la Iglesia y algunos militares, los cuales tenían aliados en Europa, sobre todo los franceses. Los conservadores pudieron convencer a Napoleón (sobrino de Bonaparte) que Juárez, un indio de origen humilde del estado de Oaxaca, no era capaz de defender el país contra un ejército profesional y bien armado. Se formó la idea en Francia de que México podría ser parte de un gran imperio francés.

tiranía *dictatorship*

abogado *lawyer*

sobrino *nephew,niece*

se dieron cuenta de *realized; became aware of*

apaciguar *to pacify, calm down*

masas *the people, masses*

desilusión *disappointment*

se rindió *surrendered*

carroza *carriage (here, horse-drawn)*

animó *encouraged*

retiró *brought back, returned*

apoyo *support, help*

canónigo *priest, member of clergy*

optó por *chose to*

doctorarse *to graduate with advanced degree*

someterse *submit themselves*

apuntes *notes*

trozo *segment, part*

La primera invasión francesa fracasó cuando los soldados invasores se dieron cuenta de que habían subestimado a los "primitivos e ignorantes indios" de Juárez. La victoria de Puebla es celebrada en todo México aunque no fue la última batalla. Los franceses volvieron con más tropas y armas y un nuevo emperador para apaciguar las masas, otra vez parte de una colonia europea. Maximiliano, un joven Habsburgo austriaco, vino al país acompañado de su esposa, Carlota, en espera de ser recibidos como libertadores. Su desilusión fue grande. Juárez, el presidente legítimo de México, no se rindió, aunque, como explica Carlos Fuentes en el video, tuvo que gobernar de una carroza, en efecto un gobierno móbil. La derrota de Maximiliano fue garantizada cuando Napoleón retiró a sus tropas por necesidades militares más urgentes en Europa.

Benito Juárez nació en un pequeño pueblo en la provincia de Oaxaca. Huérfano a los tres años, quedó con un tío también puro zapoteca como el niño, quien le animó a dedicarse a la Iglesia con el apoyo que los canónigos le ofrecían. Juárez fue a la ciudad de Oaxaca para entrar en la casa de don Antonio Salanueva, un cura franciscano, a quien le ayudó en varios quehaceres. El joven, quien no hablaba ni una palabra de castellano, recibió el apoyo de este señor para entrar en una escuela. Pero Juárez no tenía ambiciones para ser sacerdote; optó por doctorarse en leyes y se hizo abogado.

Su fama como protector de la gente pobre victimizada por la corrupción eclesiástica resultó en su nombramiento como gobernador del estado de Oaxaca, algo no muy fácil en aquellos tiempos para una persona indígena y de tan limitados recursos. Ganó fama como defensor de la república y el primer presidente del país.

Desde su muerte en 1872 Juárez ha recibido todos los honores posibles. Ha ocupado una posición honorífica semejante a la de Abraham Lincoln en los Estados Unidos. Quizás su contribución más valiosa para México y toda Hispanoamérica fue la creación de una república secular con separación de la Iglesia del Estado, un tipo de democracia que aún hoy no existe en todas partes. La constitución de 1857 separó el poder de la Iglesia del Estado. Las Leyes de Reforma también terminaron el sistema judicial en que los militares no tenían que someterse a las cortes civiles.

En los archivos que existen del período hay una autobiografía que Juárez dejó con el título "Apuntes para mis hijos." En este documento, Juárez relata un incidente que ocurrió cuando fue nombrado gobernador de Oaxaca, un incidente que revela en sus propias palabras su filosofía de gobernación. Por su importancia en lo que iba a pasar en México después, incluimos en este capítulo un trozo del documento.

1. ¿Cómo se distingue un reino imperial de una república democrática?
2. ¿Quiénes eran los Habsburgos, y qué importancia tuvieron en la historia de España?
3. En su opinión, ¿por qué sufría México de "corrupción eclesiástica"?
4. Según la introducción, no "fue muy fácil en aquellos tiempos para una persona indígena" ser nombrada gobernador de un estado mexicano. ¿Cómo se explica esta dificultad?
5. ¿Cuál es la diferencia entre un país secular y uno con religión oficial? ¿Son sistemas necesariamente contradictorios?

GUIÓN - *El espejo enterrado*

El 21 de marzo es una fiesta nacional en México; es el aniversario del nacimiento de Benito Juárez. Yo recuerdo que cuando tenía 17 años estaba en una escuela católica, estudiando en la Ciudad de México, y a los eclesiásticos que dirigían la escuela no les gustaba celebrar el 21 de marzo. Juárez era, pues, el malo de la historia de México para ellos. De manera que un grupo de estudiantes nos reunimos y nos declaramos en huelga para no ir a la escuela el 21 de marzo y de esta manera honrar a Juárez y lo que Juárez siempre ha representado. Se nos amenazó con la expulsión pero finalmente no fuimos expulsados porque sospecho, realmente creo, que teníamos razón.

El tiempo convierte al héroe en leyenda. Pero ¿por qué fue tan importante para México y en verdad para toda la América Latina la presidencia de Benito Juárez? En primer lugar, yo creo que nadie como él intentó de tal manera, con tal seriedad, hacer realidad los sueños de Simón Bolívar y José de San Martín.

Se enfrentó al problema central de la América Latina en el siglo XIX: la creación de la nación y el estado al mismo tiempo—instituciones fuertes, no hombres fuertes; gobierno civil, no mando militar: la creación de un estado secular moderno. A fin de obtener esto, Benito Juárez separó a la Iglesia del Estado, nacionalizó los bienes amortizados por la Iglesia desde los años coloniales y los puso a circular económicamente y abolió los privilegios del ejército y de la aristocracia. El resultado, lo que obtuvo, fue el clásico doble despotón. Por un lado los conservadores hundieron al país en la guerra civil en oposición a las medidas de Juárez, a las leyes de reforma, a la Constitución del 57. Y cuando perdieron la guerra en el campo de batalla, fueron al extranjero como tantos, émulos de ellos en nuestro siglo, a buscar apoyo y lo obtuvieron en Francia con Napoleón III que soñaba con la creación de un imperio francés en las Américas.

Los franceses y los reaccionarios mexicanos, los "cangrejos," pusieron la corona de México sobre la cabeza del príncipe austriaco Maximiliano de Habsburgo, descendiente de Carlos V y de Felipe II. Era, como lo diría el

EMPERADOR MAXIMILIANO É IMPERATRIZ CARLOTA.

dramaturgo mexicano Rodolfo Usigli, una corona de sombras.

Después de un accidentado viaje desde la costa, Maximiliano y su esposa, la princesa belga Carlota, se instalaron en el Castillo de Chapultepec, en la Ciudad de México.

Desde los salones del Castillo, Maximiliano trató de gobernar con independencia de quienes lo apoyaban. A pesar de la ruidosa protesta del Papa, trató de mantener la confiscación de propiedades del clero decretada por Juárez.

Pero Maximiliano no era independiente. Era una marioneta sostenida por las bayonetas de Francia. Cuando se vió obligado a firmar el llamado Decreto Negro, la ley declarando bandoleros a todos los republicanos y condenándoles al fusilamiento inmediato, se condenó a sí mismo. La suerte de su esposa sería igualmente trágica: Carlota perdió a su marido y perdió la razón.

Pero la pareja imperial no impresionó al pueblo mexicano. Juárez les había ofrecido la visión de una tierra libre y democrática. Con creciente apoyo popular, Juárez reunió un ejército republicano para enfrentarse al desafío de un imperio impuesto desde Europa.

En esta carroza el presidente Juárez recorrió los desiertos del norte de México cargado de archivos sin admitir ningún compromiso con el invasor pero acaso herido y asombrado de que la Europa, la civilización europea, que él había llegado a admirar tanto, le diese la espalda negándole a México el derecho de gobernarse a sí mismo. Pues, desde esta oficina sobre ruedas, Benito Juárez estaba defendiendo la independencia de toda la América Latina.

DESPUÉS DE VER

1. ¿Cuáles eran los privilegios económicos de la Iglesia en México?

2. ¿Por qué fue importante para México separar la Iglesia del Estado?

3. ¿Por qué fue incluida en las Actas de Derechos de los Estados Unidos la separación de la religión y el estado (First Amendment to the Bill of Rights: "Congress shall make no law respecting an establishment of religion..." 1791)?

4. ¿En qué países del mundo no existe tal separación?

Autobiografía de Benito Juárez

Era costumbre autorizada por ley en aquel estado lo mismo que en los demás de la república que cuando tomaba posesión el gobernador, éste concurría con todas las demás autoridades al *Te Deum* que se cantaba en la catedral, a cuya puerta principal salían a recibirlo los canónigos; pero en esta vez ya el clero hacía una guerra abierta a la autoridad civil, y muy especialmente a mí por la ley de administración de justicia que expedí el 23 de noviembre de 1855 y consideraba a los gobernadores como herejes y excomulgados. Los canónigos de Oaxaca aprovecharon el incidente de mi posición para promover un escándalo. Proyectaron cerrar las puertas de la iglesia para no recibirme con la siniestra mira de comprometerme a usar de la fuerza mandando abrir las puertas con la policía armada y aprehender a los canónigos para que mi administración se inaugurase con un acto de violencia o con un motín si el pueblo a quien debían presentarse los aprehendidos como mártires, tomaba parte en su defensa. Los avisos repetidos que tuve de esta trama que se urdía y el hecho de que la iglesia estaba cerrada, contra lo acostumbrado en casos semejantes, siendo ya la hora de asistencia, me confirmaron la verdad de lo que pasaba. Aunque contaba yo con fuerzas suficientes para hacerme respetar, resolví, sin embargo, omitir la asistencia al *Te Deum*, no por temor a los canónigos, sino por la convicción que tenía de que los gobernadores de la sociedad civil no deben asistir como tales a ninguna ceremonia eclesiástica, si bien como hombres pueden ir a los templos a practicar los actos de devoción que su religión les dicte. Los gobiernos civiles no deben tener religión porque siendo su deber proteger imparcialmente la libertad que los gobernados tienen de seguir y practicar la religión que gusten adoptar, no llenarían fielmente ese deber si fueran sectarios de alguna. Este suceso fue para mí muy plausible razón para reformar la mala costumbre que había de que los gobernantes asistiesen hasta a las procesiones y aun a las profesiones de monjas, perdiendo el tiempo que debían emplear en trabajos útiles a la sociedad. Además, consideré que no debiendo ejercer ninguna función eclesiástica ni gobernar a nombre de la Iglesia, sino del pueblo que me había elegido, mi autoridad quedaba íntegra y perfecta, con sólo la protesta que hice ante los representantes del estado de cumplir fielmente con mi deber. De este modo evité el escándalo que se proyectó y desde entonces cesó en Oaxaca la mala costumbre de que las autoridades civiles asistiesen a las funciones eclesiásticas.

concurría con *appeared with, was accompanied by*

clero *the clergy, church authorities*

guerra abierta *total war, open hostility*

hereje *heretic, non-believer*

excomulgados *excommunicated, removed from church recognition*

promover *to provoke, promote*

motín *rebellion*

aviso *warning, notice*

se urdía *was being hatched*

asistencia *attendance*

por temor *through fear*

sectario *partisan, favoring one group*

el deber *duty*

útil *useful*

—*Apuntes para mis hijos*, autobiografía de Benito Juárez (de los Archivos Municipales de Oaxaca)

1. Juárez relata la costumbre del *Te Deum*. ¿Cuál era?
   ¿Hay algo semejante en los Estados Unidos?

2. ¿Cómo interpretó Juárez la acción de los canónigos al cerrar las puertas de la Iglesia?.
   ¿Cuál fue la postura de Juárez ante la Iglesia?

GRAMÁTICA EN BREVE

El verbo **gustar** y otros semejantes

The verb **gustar** has the meaning "to be pleasing" and is used to express the equivalent or the English verb "to like," although the construction of the sentence in the two languages differs. **Gustar** is used most commonly in the third person, singular or plural, of any tense in Spanish, and the subject of the verb is the object or action that is pleasing. The indirect object pronouns (**me, te, le, nos, os, les**) express to whom the object or action is pleasing. Therefore, the roles of subject and object are opposite from those of the English sentence with "to like":

(A mí) me gusta el pescado.	*I like fish. (Literally, "Fish is pleasing to me")*
(A ella) le gustan las legumbres.	*She likes vegetables. (Literally, "Vegetables are pleasing to her")*
(A nosotros) nos gustaba nadar y jugar al tenis.	*We used to like to swim and play tennis.*

The form **gusta** agrees with the subject noun **el pescado** (singular), and **gustan** agrees with **las legumbres** (plural). When the subject of **gustar** is an infinitive, only the singular form is used (**gusta, gustaba**, etc.), regardless of how many actions are named.

A prepositional phrase can be added for emphasis or clarity (**a mí, a ti, a usted, a él, a ella, a nosotros, a vosotros, a ustedes, a ellos, a ellas**).

(Note also that the definite article is used to express the general category of "fish" or "vegetables"; English uses a bare noun in this context.)

A number of other verbs are used in this way: **encantar, faltar, importar, interesar, parecer, quedar**.

Nos interesan los deportes.	*We are interested in sports.*
A él le encanta viajar.	*He loves to travel.*

ORTOGRAFÍA

Las letras **b** y **v**

Unlike English, the letters **b** and **v** are pronounced exactly alike. It is therefore important to learn which is used in the correct spelling of words. Memory and getting used to "seeing" the correctly spelled word are the best ways. A few rules are helpful:

The letter **b** is always used after **m**	cambiar, rumbo, bomba
v follows **n**	enviar, conversar, invadir
Cognates are words in English and Spanish with a similar meaning and pronunciation but sometimes with a slightly different spelling.	gobierno *government* descubrir *discover* Habana *Havana*

El acento escrito

The written accent mark in Spanish serves three purposes: (1) to indicate the stressed syllable of a word, (2) to distinguish in writing two words that sound alike in speech, and (3) to indicate an interrogative word.

(1) To indicate stress

A stressed syllable is slightly louder than surrounding syllables in a word. Spanish words have only one stressed syllable, unlike English, which has multiple stresses per word (e.g. **imàginátion**). In the examples below, the stressed (loudest) syllable is underlined.

Words with the stress on the last syllable (**última**) are called **palabras agudas**:

ca.<u>fé</u>   so.fá   pa.<u>pel</u>   ju.<u>gar</u>   ge.ne.<u>ral</u>

Words with stress on the next-to-last syllable (**penúltima**) are called **palabras llanas**:

<u>ca</u>.sa   co.no.<u>cer</u>.lo   mu.<u>cha</u>.cho   e.<u>xa</u>.men   <u>ár</u>.bol

Words stressed on the second-to-last syllable (**antepenúltima**) are **palabras esdrújulas**:

<u>úl</u>.ti.mo   <u>ré</u>.gi.men   <u>dí</u>.ga.me   cli.<u>má</u>.ti.co   es.pe.<u>cí</u>.fi.co

Finally, words with stress on the third-to-last syllable are palabras sobreesdrújulas. The only words in this category are direct commands with object pronouns attached:

<u>trái</u>.ga.me.las   re.<u>pí</u>.te.se.lo
Once you can hear which syllable is the loudest, the rules for using written accent marks are simple:

(a) **Agudas** that end in a vowel, **-n** or **-s** require a written accent mark on the stressed syllable.

ca.<u>fé</u>   co.men.<u>zó</u>   le.<u>í</u>   in.te.<u>rés</u>

(b) **Llanas** that en in a consonant other than **-n** or **-s** require an accent mark:

<u>ár</u>.bol   al.<u>mí</u>.bar   re.fe.<u>rén</u>.dum

(c) All **esdrújulas** and **sobreesdrújulas** require a written accent:

<u>dí</u>.ga.me   he.li.<u>cóp</u>.te.ro   <u>dí</u>.ga.me.lo

NOTE: In some cases, the addition of a suffix (e.g. the plural -es) will cause a change in the number of syllable in a word and alter the final letter, so the rules above must be reapplied:

e.<u>xa</u>.men   **llana** ending in **-n**; no accent required according to rule (b)
e.<u>xá</u>.me.nes   **esdrújula**; accent required by rule (c)

na.<u>ción</u>   **aguda** ending in **-n**; accent required by rule (a)
na.<u>cio</u>.nes   **llana** ending in **-s**; no accent required according to rule (b)

(2) To distinguish homophones (words that sound alike)

In some cases the written accent is used to distinguish in writing words that are pronounced exactly alike:

más	*more*	mas	*but (literary)*
él	*he, him*	el	*the (masc. sing. definte article)*
sé	*I know*	se	*reflexive pronoun*
mí	*to, for me*	mi	*my (possesive prounoun)*
sólo	*only (adv.)*	solo	*alone, by itself (adj.)*

(3) Interrogative words
Interrogative words to ask a question use a written accent to distinguish them from similar words used only to relate or link:

¿Quién(es)?	¿Cuándo?	¿Qué?	¿Dónde?	¿Cómo?	¿Cuál(es)
Who?	*When?*	*What?*	*Where?*	*How?*	*Which one(s)?*

¿Cón **quién** hablabas?	*Who(m) were you talking to? (question word)*
La persona con **quien** yo hablaba...	*The person I was speaking to... (linking word)*
¿**Cuándo** empezó a llover?	*When did it start to rain? (question word)*
Eran las dos **cuando** empezó a llover.	*It was two o'clock when it began to rain. (linking word)*

Note that an indirect or imbedded question also requires a written accent on the question word:

Nadie sabe **dónde** está el vecino.	*No one knows where the neighbor is.*

Calle Subterránea, Guanajuato

LITERATURA

Guanajuato y "La leyenda del beso"

Sobre la obra

Guanajuato fue una de las ciudades más ricas durante el período colonial gracias a las enormes cantidades de plata que salían de sus minas. Esta riqueza traía famosos arquitectos y artistas que fueron comisionados para construir edificios e iglesias notables por su estilo barroco. La ciudad tenía callejuelas muy estrechas, con casas tan cercanas que una persona puede tocar los dos lados al mismo tiempo, lo que dio origen a una de las leyendas más circuladas hasta hoy: la leyenda del Callejón del Beso.

Sólo por ser transmitida oralmente entre la gente y de una generación a la otra, la leyenda tiene (como otras) varias versiones. Todas coinciden en lo siguiente:

· ·

La leyenda del beso (anónimo)

El Callejón del Beso es uno de muchos que suben y bajan de los montes de Guanajuato. El nombre de la ciudad se remonta a los indígenas chichimecas, en cuya lengua significa "el monte de las ranas" y refleja la región montañosa y los animalitos que parecen haber sido abundantes allí. La leyenda trata de una bella señorita, doña Carmen, quien se enamoró de un joven guapo, su vecino don Luis. Al padre de Carmen no le gustó nada Luis y prohibió que su hija volviera a verlo. Pero el amor siendo lo que era y es, ella no lo obedeció.

[A partir de este punto, hay dos versiones que difieren.]

[La primera versión concluye así.]	*[La segunda versión también termina con un desenlace no muy feliz.]*
Un día el padre los interrumpió besándose, el joven en su balcón y su hija en el suyo. El padre se puso furioso y entró al balcón de Luis con una daga en la mano, intentando matar al joven. Pero se equivocó con la confusión y mató a su propia hija. El joven le dió a su enamorada el último beso en la mano. Y de ahí el nombre el Callejón del Beso.	Doña Carmen tenía, como era la costumbre en las familias adineradas, una señora de compañia, Brígida. Una noche doña Carmen estaba en el balcón de su alcoba con Brígida. Apareció don Luis en el otro balcón y los enamorados se besaron apasionadamente. Cuando el padre entró, furioso al ver lo que pasaba, intentó matar a Brígida, considerándola culpable. Pero en medio de la confusión mató a su propia hija.

· ·

Comentario y discusión

1. Las leyendas suelen ser basadas *en parte* en algo auténtico pero no *del todo*. ¿Hay algo de la leyenda que le parece inverosímil?

2. ¿Cuál de las dos versiones le parece la más probable?

NOTAS DE LENGUA

El español de México

Como hemos mencionado en capítulos anteriores, los dialectos americanos del español son el resultado de la implantación del español sobre el sustrato de las lenguas indígenas de las Américas. En algunos lugares, como en México, el español sigue conviviendo con las lenguas indígenas desde hace siglos, y por eso vemos más influencia de estas lenguas en el español actual.

El mexicano se distingue del español internacional más que nada por la entonación cantarina. Pero también hay que destacar un alto número de expresiones de origen indígena, como **güero** (rubio), **nixtamal** (granos de maíz que se muelen para hacer tortillas), **tamal** (masa de harina de maíz rellena), **popote** (pajita), **tianguis** (mercado al aire libre), **charola** (bandeja) y muchos vocablos más. (Cabe añadir que las lenguas indígenas de México le han dado al español internacional múltiples términos que no existían antes del primer contacto entre españoles y americanos: **cacao**, **chocolate**, **(ji)tomate**, **chile**, **chicle**, **tiza**, etc.)

También se nota el uso de la partícula **-le** en contextos en que no es complemento indirecto, como en las expresiones **¡Ándale!**, **¡Órale!** o **¡Híjole!**, o con los mandatos (frecuentemente con verbos de movimiento), como **¡Pásele!**

Las zonas dialectales principales que se reconocen en seguida son el yucateco, en la zona de habla maya, las hablas costeñas como el veracruzano, en la costa del Golfo de México, y los dialectos del norte (norteño). El chilango, el habla de la ciudad de México (Distrito Federal) también es distintivo. En el sur se nota la influencia de las lenguas mayas, y el español de la costa caribeña tiene rasgos similares a los de los dialectos de Cuba o Puerto Rico (por ejemplo, la aspiración de la **-s** final de sílaba).

Con las sucesivas oleadas de inmigración a los Estados Unidos, los mexicanos han traído sus diferentes dialectos al norte de la frontera. Las pautas de inmigración, en que los inmigrantes tienden a asentarse en comunidades donde ya tienen familiares o conocidos, han producido un hecho curioso: los dialectos mexicanos del suroeste de EE. UU. se parecen al mexicano norteño (Sinaloa, Chihuahua, etc.), mientras que en el norte de EE.UU. (Chicago u Oregon, por ejemplo) se oyen dialectos del sur de México (Chiapas, Michoacán).

Zonas dialectales de México

EN RESUMEN

Benito Juárez es considerado un héroe nacional en México.
¿Qué específicamente explica su prestigio casi místico por todo el país?

Benito Juárez

LA REVOLUCIÓN MEXICANA

AGENDA: TEMAS IMPORTANTES

1. ¿Cuáles eran las causas básicas que provocaron la Revolución Mexicana?

2. En términos de clase social, ¿qué representaban los siguientes: Porfirio Díaz, Francisco Madero, Pancho Villa, Emiliano Zapata

3. ¿Por qué llegó a ser una leyenda mítica la figura de Emiliano Zapata?

ORIENTACIÓN CRONOLÓGICA

1910   Francisco Madero anuncia "El Plan de San Luis Potosí" para derrocar la dictadura del General Porfirio Díaz. Proclama fraudulenta y nula la reelección en junio de Díaz y que sólo por fuerza podía ser derrocado.

Comienza la Revolución cuando Madero vuelve de los Estados Unidos, donde había organizado la insurgencia.

En mayo el General Díaz, ya un hombre entrado en los ochenta años, firma un pacto de paz con Madero y abandona el país.

En junio Madero entra a la Ciudad de México.

1913   La traición del jefe militar del ejército presidencial, General Victoriano Huerta con el apoyo del embajador norteamericano, resulta en la detención de Madero y su gabinete. Madero es asesinado por Huerta y sus aliados porfiristas.

En el sur se formó un ejército con un líder de origen humilde: Emiliano Zapata, representante de los campesinos que luchaba por la reforma agraria (el Plan de Ayala).

1917   Convención de Querétaro y la nueva constitución: se rechazan los derechos extranjeros del Porfiriato en la tierra y subtierra (petróleo, minerales) del país.

Se extienden los derechos de los campesinos y de los obreros. Carranza es elegido presidente.

1919   Zapata, nunca vencido en batalla, es traicionado y asesinado por militares del gobierno.

1927-1929   La Guerra Cristera con la Iglesia.

1929   Formación del Partido Revolucionario Institucional (PRI).

1940   Período fructífero de la Revolución bajo Lázaro Cárdenas.

INTRODUCCIÓN

Al empezar el siglo XX, la Revolución Mexicana fue la explosión que cambió no sólo a México sino también el resto de Hispanoamérica. El establecimiento de una república en el país donde había dominado una dictadura tuvo importantes beneficios para todas las hispanidades en el hemisferio.

En este capítulo ofrecemos al estudiante el nexo más íntimo entre la historia y la cultura que se puede imaginar. Esto se debe en gran parte al documental presentado en el video: un film original de los eventos y sus personajes verdaderos con pobre calidad técnica—no existía la tecnología moderna—pero lleno de drama. Imprescindible es el comentario de Carlos Fuentes para interpretar lo que pasa en la pantalla.

Después de ver estas auténticas escenas dramáticas de la Revolución en proceso, podemos leer su fiel reflejo en la gran novela de Mariano Azuela, *Los de abajo*. Esta es la primera del subgénero llamado novela de la Revolución. Entre los autores que se destacaron en este grupo se incluyen, entre otros, Mauricio Magdaleno, Martín Luis Guzmán, Rafael Altamirano, Juan Rulfo, sin excluir al mismo Carlos Fuentes (*La región más transparente* y *La muerte de Artemio Cruz*).

La influencia de la Revolución en el arte fue enorme, resultando en la creación del muralismo mexicano. Se incluye aparte un breve resumen de los muralistas más famosos en el período pos-revolucionario.

1. ¿Qué provocó la Revolución Mexicana?
2. ¿Cómo afectó la Revolución Mexicana el resto de Latinoamérica?

nexo *connection, tie*

documental *documentary film*

imprescindible *invaluable*

pantalla *screen (film)*

fiel *faithful, true*

subgénero *literary genre (derived, hence "sub")*

se destacaron *stood out*

de carne y hueso *of flesh and blood, real*

mítico/a *mythic*

ambivalencia *of mixed feelings*

palabrota *vulgar, curse word*

analfabeto *illiterate*

muralismo *mural painting (on freshly created surfaces)*

Soldados abordan un tren durante la Revolución Mexicana.

GUIÓN - *El espejo enterrado*

Un hombre personificó la sujeción en nombre del progreso: Porfirio Díaz, dictador de México durante treinta largos años. Abrió el país a la inversión—inversión extranjera en petróleo, minería, ferrocarriles, industria, comercio, paz, orden, progreso. Bajo estos lemas México se encaminaría a un futuro de libertad ubérrima.

Pero el precio del orden y el desarrollo fue la falta de libertad política e individual. Desarrollo, sí, pero sin democracia.

En este viejo noticiero, Díaz y su comitiva parecen personajes de la Alemania del kaiser más que del Nuevo Mundo.

El pueblo buscó hombres muy distintos de los funcionarios de don Porfirio y los encontró en el propio pueblo. En el sur, Emiliano Zapata, representante de las comunidades agrarias despojadas por Díaz de sus tierras, aguas y bosques. En el norte, Pancho Villa, intuitivo, a veces cruel, pero dotado de verdadero genio militar y voluntad de cambio.

Sufragio efectivo. No reelección. El llamado de Francisco Madero provocó el apoyo popular unánime determinando la renuncia de Díaz. Al embarcarse rumbo al exilio, Díaz profetizó años de caos y anarquía para México.

Madero fue electo por mayoría abrumadora a la presidencia. Un hombre modesto y honesto, a los cuarenta años, Madero electrizó al país con su llamado a la democracia. Las multitudes lo aclamaron y el día que entró a la ciudad de México, la tierra tembló.

Hombre de fe liberal, Madero le dio a México el gobierno más democrático de toda su historia. Elecciones limpias, partidos y prensa libres. Pero los campesinos no recuperaron sus tierras. Madero no entendió las causas profundas de la Revolución.

Zapata anunció que continuaría luchando hasta que todas las demandas de los pueblos fueran satisfechas. Madero tuvo que combatir a quienes no sólo lo habían apoyado sino amado.

"Para gobernar a México, se necesita algo más que ser honesto," dijo Díaz. "Madero ha liberado un tigre. A ver si puede controlarlo." Un año más tarde, el tigre andaba suelto. Durante diez días, "la decena trágica," las calles de la capital se convirtieron en un campo de batalla. Madero, el apóstol de la democracia, fue asesinado por órdenes del nuevo dictador, el general Victoriano Huerta. Madero había cometido el error de dejar intacto el ejército federal, clasista y represivo. Ahora los mexicanos combatieron a los mexicanos. Un ejército revolucionario se enfrentó al viejo ejército federal.

Pero en este violento choque, los muros del aislamiento se derrumbaron. El país, separado de sí mismo por cuatrocientos años de soledad, incomunicación, coloniaje, descubrió la totalidad de su pasado. Los mexicanos descubrieron cómo luchaban, cantaban, hablaban y soñaban los otros mexicanos.

En la lucha contra Huerta todos se unieron en torno a la figura, un político del norte de México. Las victorias militares de la revolución—Torreón, Zacatecas—la condujeron al centro político del país, la ciudad de México.

Fue el pueblo el que entró un día a la capital. Campesinos sin tierras, indios combatientes del norte, hombres y mujeres: los ejércitos triunfantes de Villa y Zapata llenaron las calles para celebrar una revolución nacida de la misma tierra. Rostros nuevos, asombrosos, antes invisibles, se hicieron visibles en los cafés más elegantes.

Pero aunque Villa y Zapata posaron para las cámaras en el palacio presidencial, su lugar no estaba aquí sino en el país profundo: el campo de México. A él regresaron, destruyendo las viejas haciendas, distribuyendo la tierra, creando escuelas. Pero la revolución, trágicamente, se dividió contra sí misma.

Pues la Revolución mexicana fue dos revoluciones: una la de Carranza, modernizante y centralizadora; otra la de Villa y Zapata, agraria, tradicionalista, local.

En el campo de Celaya, las fuerzas de Carranza se enfrentaron a las de Villa. La legendaria División del Norte de Pancho Villa fue destruida para siempre.

Con Carranza instalado en la capital, sólo permanecía Zapata, elegido por su pueblo para combatir bajo las banderas de Tierra y Libertad. El llamado que había gobernado su vida iba a

Emiliano Zapata

determinar ahora su destino.

El 10 de abril de 1919 Emiliano Zapata llegó a la hacienda de Chinameca para reunirse con un coronel desafectado del gobierno, de nombre Jesús Guajardo. Zapata cruzó el umbral a las dos de la tarde y la guardia de Guajardo le presentó armas. Entonces, sonó la trompeta y la guardia disparó a quemarropa contra Emiliano Zapata. El general campesino cayó para siempre. En agosto habría cumplido cuarenta años de edad.

Resulta que el tal coronel no era un desafectado sino en realidad parte de un plan gubernamental para matar a Zapata. Fue ascendido a general y recompensado con 52.000 pesos.

El cuerpo de Zapata fue cargado sobre una mula y llevado a Cuautla. Ahí fue arrojado sobre el pavimento, su rostro fue alumbrado con lámparas, se le tomaron fotos. Había que acabar con el mito de Emiliano Zapata—Zapata estaba muerto. "¡No!," dijo toda la gente de este valle, "¡Zapata no ha muerto! Era demasiado listo para dejarse sorprender en una emboscada y además, ¿no han visto ustedes su caballo blanco que lo está esperando en la montaña?"

No, Zapata no ha muerto. Es lo que creen todos los habitantes del valle de Morelos desde los viejos veteranos de la revolución hasta los niños de escuela, y quizás tengan razón. Zapata no morirá mientras haya gente dispuesta a reclamar su derecho sobre la tierra y su derecho a gobernarse a sí mismos de acuerdo con sus propios valores culturales. Ése es el significado del zapatismo.

Con la Revolución Mexicana, la América española entró al siglo XX. Pero las cuestiones fundamentales propuestas por Simón Bolívar un siglo antes continuaban vigentes: ¿A quién le pertenece la tierra? ¿Cómo pueden participar todos de los frutos del progreso? ¿Cómo se concilian el progreso con la libertad y la justicia? En su inacabable viaje de autodescubrimiento, la América Española iba a enfrentarse ahora a las contradicciones y a las esperanzas de nuestro propio tiempo.

DESPUÉS DE VER

1. He aquí una lista de los personajes principales de la Revolución Mexicana. indique en unas breves frases el papel que cada uno tuvo en el evento.

      a.   Porfirio Díaz

      b.   Francisco Madero

      c.   Pancho Villa

      d.   Emiliano Zapata

      e.   Victoriano Huerta

      f.   Venustiano Carranza

      g.   Jesús Guajardo

2. Emiliano Zapata se ha convertido en un mito. ¿Cuál era la realidad de su vida? ¿Qué hay en el mito que no corresponde a la realidad?

3. ¿Cuáles son los ingredientes necesarios para crear un mito en la imaginación de las masas?

4. ¿Hay otros ejemplos de individuos mitificados que se le ocurran?

En el fondo, Popocatépetl

NOTAS DE LENGUA

Los dialectos sociales

¿Quién habla el "mejor" español? ¿Habla usted un español "correcto"? ¿A usted le han acusado alguna vez de "descuidar" la lengua?

Estas preguntas surgen frecuentemente en discusiones de los cambios que están ocurriendo en el español de todos los países americanos. Ya hemos hablado en otros capítulos sobre la variación geográfica del español en las Américas, pero en cualquier lugar donde se hable español, hay una variedad de españoles diferentes. Todos los hablantes manejan consciente o inconscientemente variantes de la lengua que se usan según el tema de la discusión (vocabulario técnico vs. expresiones comunes), los interlocutores (las personas con quienes hablamos) y el medio de comunicación (oral vs. escrito, noticiero televisivo vs. email informal, etc.). Una expresión que es aceptable en un contexto puede ofender o entenderse mal en otro. Obviamente, el hablante que más variantes maneja tendrá más éxito social, porque sabrá elegir las expresiones apropiadas para más situaciones sociales.

En todas las comunidades lingüísticas, ciertas expresiones se consideran "malas" o descuidadas, pero los sonidos y expresiones en sí no son malos, ni son el resultado de pereza o falta de inteligencia. Son las actitudes de la gente que prestigian una forma de hablar sobre otra. En general, las personas sin instrucción formal son los motores de cambio lingüístico porque la escolarización impone una manera de expresión más conservadora; rechaza las innovaciones históricas naturales o creativas de los hablantes y los cambios lingüísticos provocados por el contacto con otras lenguas (en el caso del español, con las lenguas indígenas o el inglés).

Fenómeno	Ejemplo dialectal	Español internacional
la aspiración o desaparición de la **-s** final de sílaba ("se comen las eses")	las casas = [lah kasah]	las casas = [las kasas]
uso de [h] en vez de [f]	jue [hwe] dijunto [dihunto]	fue difunto
el voseo: el uso de **vos** en vez de **tú**, con las formas verbales correspondientes	¿Cómo te **llamá(s) (vos)**?	¿Cómo te llamas (tú)?
-s en la forma del **tú** del pretérito	hablaste**s**	hablaste
formas verbales alternativas	No creo que **haiga** más. ¿**Trujistes** el libro?	No creo que **haya** más. ¿**Trajiste** el libro?
formas verbales innovadoras	Es importante que **vuélvamos** temprano.	Es importante que **volvamos** temprano.
formas antiguas que perduran hasta nuestros días	asina	así

La siguiente tabla identifica los elementos lingüísticos de los dialectos norteamericanos del español que se interpretan como menos prestigiosos en algunos contextos.

El estudiante de español debería aprender a distinguir entre los dialectos sociales de la lengua. No es necesario dejar de usar completamente ciertas formas; es normal usar **haiga**, por ejemplo, hablando con la familia informalmente, si esta forma ocurre en el dialecto familiar. Pero hay que reconocer que en un contexto formal las expresiones como **haiga** pueden crear prejuicios negativos en algunos oyentes o lectores.

1.   Los rasgos dialectales de la tabla de arriba no ocurren en un solo dialecto. ¿Puede usted identificar en qué dialecto ocurre cada uno? ¿Es un dialecto de "tierras altas" o "tierras bajas"?

2.   ¿Quién decide la forma estándar de una lengua?

3.   Las lenguas siempre evolucionan de forma natural. ¿De qué grupos sociales suelen venir los cambios lingüísticos? ¿Por qué persisten formas de expresión más conservadoras?

4.   Los autores de obras literarias a veces intentan representar el habla "popular" de sus personajes. ¿Conoce ejemplos de este tipo de diálogo en las obras que ha leído?

ORTOGRAFÍA

Las letras **ll** y **y**

The letters **ll and y** are pronounced alike in most dialects of Spanish; their sound is similar to the **y** of English **yes**, although in some areas it is a stronger sound close to the **j** in *jump* or the **s** in *treasure*. Deciding which to use in spelling a word is a matter of visual memory. If you have seen the words spelled correctly enough times, you should not have difficulty in reproducing them.

yo	*I*	**allí**	*there*
¡Oye!	*Listen!*	**lleno**	*full*
rey	*king*	**tortilla**	*tortilla*
ya	*already*	**sencillo**	*simple*
joya	*jewel*	**mejilla**	*cheek*
suyo	*his/hers/theirs/yours*	**ballena**	*whale*

There are a few words which are pronounced alike but have different meanings when spelled with **ll** or **y:**

cayo (*key, island*)	**callo** (*present tense of* **callar**)
cayó (*preterit of* **caer**)	**calló** (*preterit of* **callar**)
halla (= **encuentra**)	**haya** (*present subjunctive of* **haber**)
maya (*Mayan*)	**malla** (*mesh, leotard*)

GRAMÁTICA EN BREVE

El presente del subjuntivo

As you have no doubt learned in lower level classes, the subjunctive is formed from the basic verb stem but with the "opposite" vowel in the endings:

comprar   **compr- + -e-**
beber   **beb- + -a-**
escribir   **escrib- + -a-**

The forms for regular verbs are listed here with the relative **que** to remind you that the subjunctive most frequently occurs in dependent clauses.

que compr**e**	que compr**emos**	que beb**a**	que beb**amos**	que escrib**a**	que escrib**amos**
que compr**es**	que compr**éis**	que beb**as**	que beb**áis**	que escrib**as**	que escrib**áis**
que compr**e**	que compr**en**	que beb**a**	que beb**an**	que escrib**a**	que escrib**an**

Most irregular forms are derived from an irregular first person singular:

infinitive	*yo* (present indicative)	*yo* (present subjunctive)
conocer	**conozco**	que **conozca**
decir	**digo**	que **diga**
salgo	**salgo**	que **salga**

The irregularity of the stem is maintained throughout the paradigm:

que **conozca, conozcas, conozca, conozcamos, conozcáis, conozcan**

A few verbs have completely irregular forms that must be memorized:

dar	que **dé, des, dé, demos, deis, den**
estar	que **esté, estés, esté, estemos, estéis, estén**
haber	que **haya, hayas, haya, hayamos, hayáis, hayan**
ir	que **vaya, vayas, vaya, vayamos, vayáis, vayan**
saber	que **sepa, sepas, sepa, sepamos, sepáis, sepan**
ser	que **sea, seas, sea, seamos, seáis, sean**

Note especially the forms below, which differ in colloquial and standard Spanish. The colloquial or regional forms are natural historical innovations in the language, but speakers who use them may be perceived as uneducated by speakers of the more internationally accepted standard.

colloquial, regional (spoken)	standard Spanish (spoken and written)
Quiero que no **haiga** problemas.	Quiero que no **haya** problemas.
Nos dice que **váyamos** con ella.	Nos dice que **vayamos** con ella.
Dudan que les **cuéntemos** la verdad.	Dudan que les **contemos** la verdad.

Uses of the subjunctive

The subjunctive is normally used in a subordinate clause and is "caused" by the tone or thrust of the verb or expression in the primary clause. The three most common uses are described below.

(1) Verbs or expressions of persuasion, command, preference, emotion, and doubt:

Rockefeller <u>insiste</u> en que Diego Rivera **modifique** el mural que el artista está pintando en Nueva York.	*Rockefeller insists that Diego Rivera change the mural that the artist is painting in New York.*
"El gobierno no <u>quiere</u> permitir que sus raíces **crezcan**," decían muchos.	*"The government won't permit their roots to grow," said many.*
Te <u>ruego</u> que me **vayas** a llorar. (Adelita)	*I beg you to cry for me.*

Note that the English translation often employs the infinitive (**to** + verb) where Spanish has a separate clause with the subjunctive.

(2) With adjective clauses (a relative clause that describes a noun), the subjunctive refers back to an indefinite or non-existent antecedent:

Según el antiguo dictador Díaz, no hay <u>nadie</u> que **pueda** gobernar a México.	*According to the former dictator Díaz, there is no one who can govern Mexico.*

(3) Clauses that refer to future or hypothetical events (using such conjunctions as **antes que, cuando, con tal de que, después de que, hasta que**) use the subjunctive.

Mexico no tendrá una economía fuerte **hasta que controlemos** nuestros recursos naturales.	*Mexico will not have a solid economic future until we control our natural resources.*

CONTEXTO CULTURAL

EL MURALISMO MEXICANO

surgió *appeared, sprung forth*

porfirista *from the Porfirio Díaz period*

burguesía *upper class*

caballete *easel (for painting)*

emblemático *symbolic, representative*

anacronismo *from a past time*

remontando *dating back*

Capilla Sixtina *Sistine Chapel (Vatican City)*

muralla *wall*

Teotihuacan *ancient Mesomanerican cultural centerl*

Bonampak *ancient Mayan city*

rechazaron *refused*

reflejando *reflecting*

patrocinado *sponsored, underwritten*

encrucijada *crossroads*

letrero *sign, placard*

trasladar *to move*

izquierdista *left-wing, very liberal*

compensar *to pay back*

pareja *couple*

De la Revolución surgió nueva energía en todos aspectos de la cultura mexicana: la literatura, la música, el baile y el arte. De una obsesión porfirista con la literatura francesa vino la novela realista; de la danza privada (del **ballroom**) de la burguesía vino el ballet folklórico; de la educación pública surgió una campaña de alfabetización; y del arte de caballete salió quizás el movimiento cultural más emblemático de la Revolución— el muralismo. Este movimiento, nuevo para la época, fue un anacronismo, remontando al pasado—los murales de Miguel Ángel del Renacimiento italiano (Capilla Sixtina) y en México practicado siglos atrás en los antiguos frescos de Teotihuacan y Bonampak.

Los más famosos muralistas del movimiento fueron Diego Rivera, José Clemente Orozco y David Alfaro Siqueiros. "Los tres grandes", como se les denominan, rechazaron "el arte por el arte", o sea, las pinturas destinadas a los pocos, y abrazaron el arte público, reflejando el idealismo de la Revolución. Su arte fue patrocinado por el gobierno. Ganó la atención y admiración del mundo que hasta cierto punto también experimentaba un período liberal e idealista (por ejemplo, en los Estados Unidos, el "New Deal" con obras públicas, el período del Presidente Franklin Delano Roosevelt). Pero cuando Rivera trató de crear un mural en Rockefeller Center, comisionado por el mismo Rockefeller, el contenido abiertamente pro-soviético

ofendió al millonario y Rivera tuvo que destruirlo. Lo volvió a crear en la Ciudad de México, en el Museo de Bellas Artes con el mismo nombre, "Hombre en la Encrucijada". Sin embargo, el muralismo floreció en México, siendo más notables las creaciones de Orozco en Guadalajara, las de Siqueiros en la Universidad Autónoma y las de Rivera en la capital. Vale notar la oposición que surgió cuando Rivera trató de incluir en su mural "Sueño de una Tarde en el Alameda" un letrero que cuestionó la existencia de Dios. Las autoridades tuvieron que trasladar el mural al parque en frente del Hotel Alameda, donde hoy está solo, en su propio y pequeño museo.

Los muralistas fueron invitados a crear obras en edificios públicos en diferentes ciudades norteamericanas. En Pomona (California) y en Dartmouth (New Hampshire) se ven magníficos murales de Orozco en las universidades. Diego Rivera también está representado en San Francisco en varios edificios.

David Alfaro Siqueiros, el más izquierdista del grupo, pintó sólo un mural en los Estados Unidos (que todavia existe) detrás de una casa en Los Ángeles. Fue su única manera de compensar a la pareja que le había dado hospitalidad. En 2002 este mural fue trasladado al Museo de Arte de Santa Bárbara, California. (Una vista parcial se reproduce en la portada de este libro.)

1. ¿Qué ventajas tiene el muralismo para el artista? ¿Para el pueblo?
2. En su opinión, ¿cuál es la ventaja del arte del caballete?
3. ¿Cuál se practica más en los Estados Unidos?
4. ¿Hay ejemplos del muralismo en los Estados Unidos?
5. ¿Ha visto grafiti (*graphic art, "tags"*)? ¿Cómo es diferente al mural?
6. Los murales fueron patrocinados por el gobierno o a veces por individuos. ¿Conoce usted ejemplos de arte comisionado en su región? ¿Han surgido conflictos sobre su contenido?

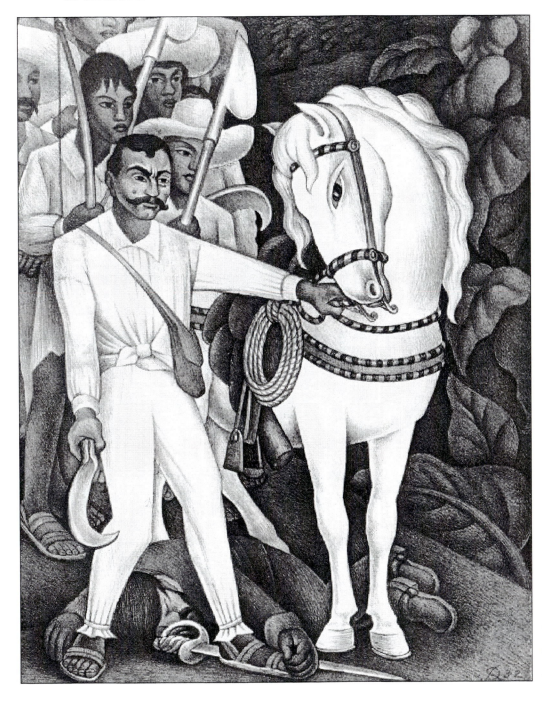

Emiliano Zapata, detalle del mural *Historia de Morelos, Conquista y revolución,* de Diego Rivera (Palacio de Cortés, Cuernavaca, México)

LITERATURA

CONTEXTO HISTÓRICO: *La Revolución Mexicana (1910-1920)*

Hubo varias revoluciones durante el siglo veinte en Hispanoamérica a causa de los dictadores, una pobreza inquebrantable, los diferentes movimientos de democratización y los muchos cambios sociales. Si la Revolución Bolchevique en Rusia (1917) y la Revolución Cubana (1959) tuvieron su impacto mundial, la Revolución Mexicana sin duda repercutió por toda Hispanoamérica debido a sus principios: la distribución de tierra, la representación política de clases pobres, contra los abusos eclesiásticos de la Iglesia y la promoción de un nacionalismo cultural. Sin embargo, pocos saben que la Revolución Mexicana precede a estas importantes revoluciones por ser la primera del siglo veinte. Murieron unos dos millones de personas y el caos provocó el éxodo masivo de la gente del campo y las ciudades, produciendo un exilio sin precedentes a los Estados Unidos, pero a la vez produjo una migración interior del país donde mexicanos llegaron a salir por primera vez de su provincia. México como nación cambió para siempre y hay quienes creen que la Revolución no ha terminado. Lo innegable es que marcó la transformación social más grande después de la Conquista de 1519 y de la Independencia de 1821.

La Revolución Mexicana llama mucho la atención como hecho histórico porque fue una explosión popular después de la larga dictadura de Porfirio Díaz entre 1876 y 1910. Francisco Madero, un líder oficialista, se rebeló contra la dictadura por las elecciones fraudulentas, luego Francisco Villa del norte, Emiliano Zapata del sur y otros surgieron como dirigentes, representando ciertos intereses populares en busca de la justicia económica y social. La Revolución Mexicana también tiene cualidades de guerra civil porque a veces era una lucha entre ricos y pobres, el gobierno y los sectores populares, la Iglesia y los anticlericales. Se buscaban nuevos principios para crear una nueva sociedad pero los intereses políticos dominaban. Después de todo el caos y la violencia, México llegó a ocupar un lugar en el mundo por su idealismo hacia las clases más desamparadas. Por eso, México suele destacarse como líder en Hispanoamérica por su compromiso con los derechos humanos, la objetividad en relaciones exteriores y su defensa de los ideales de la Revolución.

SELECCIÓN 1: *Los de abajo*

Sobre la obra

Los de abajo (1916), novela corta de MARIANO AZUELA, transforma los eventos impersonales de la Revolución en algo aun más dramático, en la vida de un grupo variado de personajes de carne y hueso, individuos que lucharon y murieron en las batallas. De este grupo la figura más mítica de la novela es Demetrio Macías que, aunque sobrevivió y regresó con su mujer, volvió con obvia ambivalencia de lo que pasaba. En el siguiente fragmento de Los de abajo, Macías describe su participación en la revolución al regresar a su hogar. Vemos aquí un indicio de la conciencia sobre la Revolución Mexicana. Azuela, quien fue doctor en el ejército de Francisco Villa, presenció los hechos de primera mano. En esta novela episódica de estilo ágil y galopante, Azuela recrea el ambiente humano con sus contradicciones y paradojas. Demetrio, como protagonista del pueblo, llega a representar la ambivalencia sobre su participación sin saber por qué. Llama la atención tanto su lenguaje como su actitud.

El capítulo que sigue es de la tercera parte. La novela empieza con la salida de Demetrio Macías, quien deja atrás a su mujer y a su hijo. En ese momento los federales ponen fuego a su casa. Macías entra en la Revolución y se hace un líder rodeado de varios tipos: el doctor Cervantes, el idealista Solís, el loco de Valderrama (poeta), varios campesinos con apodos coloridos y mujeres que reflejan el papel extraordinario para la época en la Revolución.

El realismo de la novela incluye no sólo estos eventos sino también el diálogo, el habla popular que por primera vez se reproducía fiel a su realidad con todos los "errores" y palabrotas características de los soldados generalmente analfabetos del ejército norteño, el de Pancho Villa. (En algunas ediciones de la novela la casa editorial incluye una lista de estos vocablos con su definición más general.) Excepción más notable es el personaje Luis Cervantes, siendo el estereotipo de un "intelectual" que resulta ser más oportunista que revolucionario.

La Revolución fue episódica; la novela también lo es. Pero la novela es arte y la pluma de Azuela no es una simple cámara que saca fotos de lo que pasaba. Lo que sale es una versión artística, una interpretación, de los cambios producidos en la vida del pueblo.

Encima de todos se destaca la figura mítica de Demetrio Macías, ya hecho coronel e integrado en el ejército de Pancho Villa. En esta última parte de la novela, Macías vuelve a su mujer y a su hijo para verlos una vez más, pero ya es una persona diferente, con pocas ilusiones.

Mariano Azuela

inquebrantable *unbreakable*

repercutió *had repercussions*

éxodo *exodus*

oficialista *officious, bureaucratic style*

desamparado *helpless*

suele *usually (is in the habit of)*

destacarse *to stand out*

derecho *right*

hogar *home*

ágil *agile, quick-footed*

galopante *galloping, like a horse*

lenguaje *language specific to a group or individual*

Los de abajo: Capítulo VI (tercera parte) (Mariano Azuela)

La mujer de Demetrio Macías, loca de alegría, salió a encontrarlo por la vereda de la sierra, llevando de la mano al niño.

¡Casi dos años de ausencia!

Se abrazaron y permanecieron mudos; ella embargada por los sollozos y las lágrimas.

Demetrio, pasmado, veía a su mujer envejecida, como si diez o veinte años hubieran transcurrido ya. Luego miró al niño, que clavaba en él sus ojos con azoro. Y su corazón dio un vuelco cuando reparó en la reproducción de las mismas líneas de acero de su rostro y en el brillo flamante de sus ojos. Y quiso atraerlo y abrazarlo; pero el chiquillo, muy asustado, se refugió en el regazo de la madre.

—Es tu padre, hijo!... Es tu padre!...

El muchacho metía la cabeza entre los pliegues de la falda y mantenía la cabeza entre los pliegues de la falda y se mantenía huraño.

Demetrio, que había dado su caballo al asistente, caminaba a pie y poco a poco con su mujer y su hijo por la abrupta vereda de la sierra.

—Hora sí, bendito sea Dios que ya veniste!... Ya nunca nos dejarás! ¿Verdad? ¿Verdad que ya te vas a quedar con nosotros?...

La faz de Demetrio se ensombreció.

Y los dos estuvieron silenciosos, angustiados.

Una nube negra se levantaba tras la sierra, y se oyó un trueno sordo. Demetrio ahogó un suspiro. Los recuerdos afluían a su memoria como una colmena.

La lluvia comenzó a caer en gruesas gotas y tuvieron que refugiarse en una rocallosa covacha.

El aguacero se desató con estruendo y sacudió las blancas flores de San Juan, manojos de estrellas prendidos en los árboles, en las peñas, entre la maleza, en los pitahayos y en toda la serranía.

Abajo, en el fondo del cañón y a través de la gasa de la lluvia, se miraban las palmas rectas y cimbradoras; lentamente se mecían sus cabezas angulosas y al soplo del viento se desplegaban en abanicos. Y todo era serranía: ondulaciones de cerros que suceden a cerros, más cerros circundados de montañas y éstas encerradas en una muralla de sierra de cumbres tan altas que su azul se perdía en el zafir.

—¡Demetrio, por Dios!... ¡Ya no te vayas!... ¡El corazón me avisa que ahora te va a suceder algo!...

Y se deja sacudir de nuevo por el llanto.

El niño, asustado, llora a gritos, y ella tiene que refrenar su tremenda pena para contentarlo.

La lluvia va cesando; una golondrina de plateado vientre y alas angulosas cruza oblicuamente los hilos de cristal, de repente iluminados por el sol vespertino.

—¿Por qué pelean ya, Demetrio?

Demetrio, las cejas muy juntas, toma distraído una piedrecita y la arroja al fondo del cañón. Se mantiene pensativo viendo el desfiladero, y dice:

—Mira esa piedra cómo ya no se para...

embargada	*overwhelmed*
sollozos	*sobs*
pasmado	*astonished*
clavaba...sus ojos	*stared*
con azoro	*with fear*
vuelco	*a leap, jump*
de acero	*steel-like*
regazo	*lap*
los pliegues	*folds*
huraño	*unsociable, hidden*
vereda	*path*
faz	*face, expression*
se ensombreció	*became dark, clouded over*
ahogó	*suppressed*
colmena	*beehive*
rocallosa	*rocky*
covacha	*small cave*
aguacero	*downpour*
se desató	*was unleashed*
sacudió	*shook*
malezas	*brush, weeds*
pitahayo	*cactus-like plant*
fondo	*bottom*
gasa	*gauze, webbing*
cimbradora	*waving*
soplo	*lashing of the wind*
se desplegaban	*were unfolding*
serranía	*mountain range*
ondulación	*wave*
cumbre	*summit*
zafir	*sapphire (blue-colored gemstone)*
suceder	*to happen*
golondrina	*swallow (bird)*
plateado	*silver-colored*
vientre	*stomach*
vespertino	*evening (adj.)*
desfiladero	*mountain path*
se para	*stop, come to a halt*

Comentario y discusión

1. ¿Cuál es la relación entre Demetrio y su mujer después de tanto tiempo?

2. ¿Qué indica el lenguaje de los dos personajes y su condición social?

3. ¿Cómo es el ambiente natural y qué relación tiene con la larga ausencia de Demetrio?

4. ¿Qué metáfora usa Demetrio para describir su participación en la revolución y por qué?

5. ¿Cómo describiría la mentalidad de Demetrio como revolucionario?

6. Explique el estilo contrastante entre lo popular y lo poético.

7. ¿Cómo se explican las distintas tensiones en el texto, por ejemplo, ambientales y personales?

8. Explique el contexto de estas palabras y expresiones clave:

      a.   se abrazaron y permanecieron mudos
      b.   ella embargada por los sollozos y las lágrimas
      c.   pasmado
      d.   se refugió en el regazo de la madre
      e.   la faz de Demetrio se ensombreció
      f.   refrenar
      g.   ¡El corazón me avisa que ahora te va a suceder algo!...
      h.   cejas muy juntas
      i.   el azul se perdía en el zafir
      j.   sol vespertino

Villa en la silla presidencial con Zapata a su lado.

SELECCIÓN 2: *"Adelita" (corrido)*

Sobre la obra

moza *young girl*
buque *ship*
escolta *escort*
filas *ranks, columns (of men)*
sollozaba *was sobbing*
plegaria *prayer*
ocultar *to hide*
embozo *concealment*
metralla *shrapnel*
diezmado *decimated*

El corrido es una balada, una forma popular originada en México para cantar. El tema es variado pero en general cuenta una historia basada en la realidad, algo que pasó en la vida de una persona o del país. El tono también puede ser serio, cómico, satírico o trágico.

El lenguaje suele ser directo y sencillo, diseñado para ser memorizado. Por razones no muy claras el corrido ha sido identificado más con la frontera norteña. Es común, sobre todo en los corridos más recientes, usar una mezcla del inglés y español, característica del idioma de los chicanos. La estructura es semejante al romance español con estrofas que riman y con líneas que se repiten.

Adelita (Anónimo)

En lo alto de la abrupta serranía
acampado se encontraba un regimiento
y una moza que valiente lo seguía
locamente enamorada del sargento.
popular entre la tropa era Adelita,
la mujer que el sargento idolatraba
porque a más de ser valiente era bonita
que hasta el mismo coronel lo respetaba.

Y se oía que decía
aquél que tanto la quería:
que si Adelita se fuera con otro
la seguiría por tierra y por mar
si por mar en un buque de guerra,
si por tierra en un tren militar.

Una noche en que la escolta regresaba
conduciendo entre sus filas al sargento
por la voz de una mujer que sollozaba
la plegaria se escuchó en el campamento.

Al oírla el sargento temeroso
de perder para siempre a su adorada
ocultando su emoción bajo el embozo
a su amada le cantó de esta manera:

Y se oía ... (se repite la estrofa):

Y después que terminó la cruel batalla
y la tropa regresó a su campamento
por las bajas que causara la metralla
muy diezmado regresaba el regimiento,
recordando aquel sargento sus quereres
los soldados que volvían de la guerra
ofreciéndoles su amor a las mujeres
entonaban este himno de la guerra.

Y se oía que decía
aquél que tanto la quería:
y si acaso yo muero en campaña
y mi cadáver lo van a sepultar
Adelita por Dios te lo ruego
que con tus ojos me vayas a llorar.

Y se oía que ... (se repite el estribillo)

Comentario y discusión

1. Los corridos cuentan una historia, como se nota en el ensayo. Escriba un resumen de "Adelita" en prosa. ¿Quién era?
2. ¿Cuáles eran las instrucciones del sargento "si por acaso muero en campaña"?
3. Comente el papel de la mujer en la Revolución Mexicana y cómo se refleja en este corrido.

EN RESUMEN

1. ¿Cuáles eran las cuestiones fundamentales que afrontó la Revolución Mexicana? Escriba su opinión sobre el éxito (o fracaso) que resultó al fin.

2. Escriba sobre el contenido del mural *Sueño de una tarde dominical en el Parque Alameda.*

Sueño de una tarde dominical en el Parque Alameda   Diego Rivera

OBRA INACABADA EN LATINOAMÉRICA:

Relaciones con los Estados Unidos

AGENDA: TEMAS IMPORTANTES

¿Qué impacto tuvieron los siguientes eventos en las relaciones entre México y los EE.UU.?

1. La Revolución Mexicana

2. La Revolución Rusa (1917)

3. La Segunda Guerra Mundial (1939-1945)

4. La Guerra Fría entre los EE.UU. y la Unión Soviética

ORIENTACIÓN CRONOLÓGICA

1914   El Canal de Panamá se abre.

1927   Augusto Sandino y sus guerrilleros expelen a los marinos norteamericanos de Nicaragua.

1929   Ecuador abre sus elecciones a la mujer, el primer país hispanoamericano en hacerlo.

1932   Bolivia y Paraguay en guerra por el Chaco; Bolivia derrotado.

1938   Nacionalización de las empresas petrolíferas extranjeras.

1954   Derrocamiento del gobierno de Guatemala bajo Jacobo Arbenz.

1959   Triunfo de la Revolución Cubana contra Batista. Llega al poder de Fidel Castro.

         Ruptura de relaciones entre Washington y Cuba. Fracasa la invasión organizada por la CIA en la Bahía de Cochinos para derrocar a Castro.

1970   Elegido el gobierno socialista de Salvador Allende en Chile.

1973   Período de reformas democráticas en Latinoamérica.

         El ejército chileno bajo Pinochet derroca al Presidente Allende, quien muere en el ataque contra la Moneda (palacio presidencial).

1977   Estados Unidos y Panamá firman un acuerdo para la devolución del control del Canal para el año 1999.

1977   Triunfo de la Revolución de los Sandinistas en Nicaragua.

1982   La Marina Argentina trata de recobrar posesión de las Islas Malvinas (Falkland Islands) de Gran Bretaña. Argentina es derrotada.

1983   Estados Unidos invade la isla de Grenada en el Caribe y se derroca al gobierno izquierdista.

1985   Brasil recobra la democracia.

INTRODUCCIÓN

Durante la primera mitad del siglo XX ocurrieron las dos guerras mundiales, la primera (1914-1918) principalmente en Europa, y la segunda (1939-1945) involucrando no sólo Europa sino también la Unión Soviética y Japón. Estados Unidos, con su atención desviada hacia los otros continentes, tuvo que limitar su intervención en Hispanoamérica, con resultados ambivalentes para esos países.

La Revolución Rusa (1917) desató movimientos socialistas en todo el mundo, pero Rusia, debilitada por una guerra civil y grandes problemas internos, no era una potencia amenazadora durante los años entre las dos guerras mundiales.

Una vez invadida por los alemanes, la Unión Soviética se convirtió en un aliado de los Estados Unidos y Gran Bretaña. Eran años de tregua entre el capitalismo y el comunismo, dos sistemas económicos antitéticos. Una vez terminada la Guerra (1945), no tardó mucho en estallar la llamada Guerra Fría entre ellos.

Para tratar de resolver sus propios problemas económicos y sociales, los países hispanoamericanos empezaron a experimentar con versiones socialistas. La derrota del fascismo dio ánimo al espíritu marxista y reformista tan en boga no sólo en Europa sino también en los Estados Unidos, donde fue breve por la reacción anti-comunista (el macartismo en un principio). Los países latinoamericanos que habian adaptado gobiernos socialistas encontraron una nueva y fuerte hostilidad del "Coloso del Norte." Aunque elegidos democráticamente, los gobiernos de Chile (Allende), Guatemala (Arbenz) y Nicaragua (los sandinistas) fueron sometidos y luego reemplazados.

Con el colapso de la Unión Soviética y sus grandes problemas vistos e innegables en todo el mundo, tuvo lugar un período en que la izquierda tuvo que afrontar el origen de tal debilidad, imprevista en gran parte por el control que ejercían los soviéticos. El modelo ruso había fracasado pero los problemas económicos y sociales quedaron sin resolverse en Hispanoamérica, donde los movimientos sociales siguen en la actualidad.

GUIÓN - *El espejo enterrado*

La Revolución Mexicana de 1910 se inició como un movimiento político electoral pero pronto se reveló como un movimiento social, y sobre todo, como un acontecimiento cultural, celebrado por artistas como Diego Rivera. Una clase media creciente, una clase obrera combativa, exigieron mayor riqueza pero con mayor justicia. La libertad rompió sus cadenas, como en este mural por el artista mexicano Siqueiros. ¿Pero cómo obtener el progreso con justicia?

Venezuela lo intentó basándose en la riqueza generada por vastos recursos naturales. Costa Rica, Uruguay, Chile, mediante las reformas sociales y las coaliciones políticas progresivas. Y México mediante reformas revolucionarias: reforma agraria, educación, la expropiación petrolera. Mientras que en la Argentina, dos demagogos excepcionales, Juan y Eva Perón, gobernaron desde un balcón, derrocharon la riqueza acumulada por las exportaciones agropecuarias, le dieron al pueblo un sentido de dignidad y legislación social, pero no le dieron a la nación instituciones fuertes y estables.

Los Estados Unidos de América, la joven potencia emergente que derrocó a España en 1898, se convirtió en seguida en la gigantesca sombra proyectada sobre el destino de la América Latina. Nuestro doctor Jekyll y nuestro Mr. Hyde. Una democracia por dentro, un imperio por fuera, constantemente interviniendo en la vida de nuestros países en nombre del destino manifiesto, el gran garrote, la diplomacia del dólar y la arrogancia puritana.

Enterradas en el espejo de nuestra memoria colectiva se encuentran estas imágenes. Los infantes de marina desembarcando en Veracruz— mi propio padre fue enviado a combatirlos. El general Pershing persiguiendo a Pancho Villa por el norte de México y los infantes de marina ocupando Santo Domingo, Haití, Honduras y Nicaragua, mientras el Presidente Woodrow Wilson proclamaba: "Yo les enseñaré a los latinoamericanos a elegir buenos gobernantes."

Otro presidente, Franklin Roosevelt, abandonó

El presidente chileno Salvador Allende saluda a los ciudadanos en Santiago de Chile.

estas actitudes. Su política del buen vecino respetó a la América Latina y su dinámica propia. Obtuvo lo que quería: el apoyo latinoamericano durante la Segunda Guerra Mundial.

Pero cuando terminó la guerra caliente, empezó la Guerra Fría. Gobiernos electos en Guatemala y Chile fueron derrocados con la ayuda norteamericana porque eran de izquierda. El presidente socialista de Chile, Salvador Allende, pereció en un golpe militar.

Las dictaduras militares torturaron y asesinaron en nombre del anticomunismo. Y en nombre del comunismo, la revolución en Cuba trató de romper la dependencia económica y política de la isla con los Estados Unidos pero creó una nueva dependencia hacia la otra superpotencia, la Unión Soviética.

Una revolución joven y pobre en Nicaragua mantuvo su independencia, a pesar de la intensa hostilidad norteamericana. La revolución educó al pueblo, creó instituciones donde antes no existían, desató las fuerzas de una nueva sociedad civil y respetó los resultados de elecciones libres.

* * [1'00] * *

El Palacio de Bellas Artes también alberga un espléndido teatro. Cada vez más encontramos esta continuidad en el arte, la literatura, la música y la representación teatral. Una continuidad que podemos descubrir acaso detrás de este magnífico telón de cristal, este espejo creado por Tiffany en el Palacio de Bellas Artes.

Como el escritor argentino Jorge Luis Borges en su cuento "El Aleph," buscando ese gigantesco instante único donde todos los espacios del mundo se encuentran sin confusión, vistos desde todos los ángulos pero con perfecta existencia simultánea. Levantemos el telón...y veamos de vuelta todo lo que hemos sido.

¿Podemos ser a partir de todo lo que hemos sido? La piedra memorable del pasado indígena. La herencia española, que es cristiana pero también judía y también islámica, y que incluye la vitalidad de nuestra cultura de origen africano. La mezcla de la fe y la memoria populares. Una cultura tradicional y modernizante. La cultura como respuesta a los desafíos de la vida. La cultura como nuestra manera de amar y de hablar. Cultura es lo que comemos. Como nos vestimos. Nuestras memorias y deseos. La cultura como una manera de ver.

El mexicano Rufino Tamayo mira al mundo con los ojos modernos del pasado indígena. El mismo fue un gran coleccionista de arte precolombino. En tanto que el cubano Wilfredo Lam permite que sus raíces africanas crezcan dentro de sus pinturas. Y la herencia de España y de Goya continúan en el arte del mexicano José Luis Cuevas.

Cultura es nuestra manera de reír, como en las pinturas del colombiano Fernando Botero. Cultura es nuestra manera de recordar. Aquí, el venezolano Jacobo Borges imagina el túnel sin fin de la memoria. Pero sobre todo nuestra cultura es nuestro cuerpo. Cuerpos a veces sacrificados, negados, cuerpos encadenados, soñadores, carnales cuerpos, el cuerpo de esta mujer mexicana, Frida Kahlo.

Entonces escuche la voz del poeta, Pablo Neruda, exclamando a lo largo de esta visión:

"He venido a contar esta historia..."

En este mural Diego Rivera nos da un retrato de las riquezas del Nuevo Mundo, riquezas del subsuelo, riquezas de la tierra y de la capacidad humana para transformarlas en energía, en tecnología, en ciencia, en progreso.

Después de ver

1. ¿Cuál es la diferencia entre un movimiento político y uno social?
2. ¿Qué es un demagogo?
3. Carlos Fuentes caracteriza a los Estados Unidos como "nuestro Dr. Jekyll y Mr. Hyde". ¿A qué se refiere?
4. ¿Por qué persiguió el General Pershing a Pancho Villa?
5. ¿Qué fueron la Guerra "Caliente" y la Guerra "Fría"?
6. Según Carlos Fuentes, ¿qué hizo Estados Unidos en nombre del anticomunismo?
7. Para Carlos Fuentes, ¿qué significa "la cultura" de un país?
8. ¿Hay otro significado de la palabra "cultura"? Cuando se le llama a alguien "una persona de mucha cultura," ¿a qué nos referimos?
9. ¿Puede usted identificar a los siguientes personajes?

    a) Frida Kahlo
    b) Jorge Luis Borges
    c) Rufino Tamayo
    d) Fernando Botero
    e) Salvador Allende
    f) Franklin Delano Roosevelt

GRAMÁTICA EN BREVE

El imperfecto del subjuntivo

The simple forms of the past (imperfect) subjunctive are based on the third-person plural (**ellos** form) of the preterit. The preterit ending **-ron** is removed, and the past subjunctive endings are added: **-ra**, **-ras**, **-ra**, **-´ramos**, **-rais**, **-ran**.*

ellos form of preterit	past subjunctive
comieron	comiera, comieras, comiera, comiéramos, comierais, comieran
estuvieron	estuviera, estuvieras, estuviera, estuviéramos, estuvierais, estuvieran
fueron	fuera, fueras, fuera, fuéramos, fuerais, fueran
hablaron	hablara, hablaras, hablara, habláramos, hablarais, hablaran
supieron	supiera, supieras, supiera, supiéramos, supierais, supieran

The past subjunctive has two main uses:

(1) Contrary-to-fact clauses with **si,** or **como si:**

Si no **fuera** por la traición de Guajardo, Zapata no estaría muerto.	*If it were not for Guajardo's defection, Zapata would not be dead.*
Si el presidente **se quedara** en el país, sus enemigos lo asesinarían.	*If the president stayed in the country, his enemies would kill him.*
....como si diez o veinte años **hubieran transcurrido** ya...	*...as if ten or twenty years had passed already...*

*Note the written accent on all **nosotros** forms. There is an alternate form of the past subjunctive with **-se-** instead of **-ra-**: **comiese, comieses, comiese, comiésemos, comieseis, comiesen; fuese, fueses, fuese, fuésemos**

(2) The same conditions as the present subjunctive, but in the past time frame. In the examples that follow, the trigger for the subjunctive is underlined:

(a) following verbs or personal expressions of doubt, negation, or volition

Huerta <u>quería</u> que los generales **cumplieran** sus planes.	*Huerta wanted the generals to carry out his plans.*
<u>Dudaba</u> que el ejército **pudiera** llegar a tiempo.	*He doubted the army could arrive in time.*

(b) in clauses that describe hypothetical or non-existent antecedents

No había <u>manera</u> de que los guerrilleros **se libraran** de las fuerzas nacionales.	*There was no way for the guerrilleros to get free themselves from the national forces.*
Los izquierdistas buscaban una <u>reforma</u> que **beneficiara** a los más necesitados.	*The leftists wanted a reform that benefitted the most needy.*

(c) in clauses that indicate future time or hypothetical events

La elección se declaró <u>antes de que</u> los votos **se contaran**.	*The election results were announced before the votes were counted.*
El tratado podía firmarse <u>hasta que</u> todos los participantes **se pusieran** de acuerdo.	*The treaty could not be signed until all the participants agreed.*

Compound forms of the subjunctive

Just as the indicative compound tenses use the indicative forms of **haber** with the past participle (**he comprado**, **había vivido**, etc.), the compound subjunctive forms combine the present or past subjunctive with the past participle:

Present perfect subjunctive

haya	hayamos		past participle, unchanged for gender or number
hayas	hayáis	+	(**comprado**, **comido**, **vivido**)
haya	hayan		

Past perfect subjunctive (pluscuamperfecto del subjuntivo)

hubiera	hubiéramos		past participle, unchanged for gender or number
hubieras	hubierais	+	(**comprado**, **comido**, **vivido**)
hubiera	hubieran		

These forms are used just as the indicative compound forms, but when the context requires a subjunctive (after verbs of volition, describing non-existent antecedents, contrary-to-fact **si** clauses, etc.)

Si Madero no **hubiera cometido** el error de dejar intacto el ejército, el General Huerta no habría tenido la oportunidad de asesinarlo.	*If Madero had not committed the mistake of leaving the army intact, General Huerta would not have had the opportunity to kill him.*
Madero insistió en que no habría democracia en México <u>hasta que</u> Porfirio Díaz **hubiera salido** de la presidencia.	*Madero insisted that there would be no democracy in Mexico until Porfirio Díaz had left the presidency.*

ORTOGRAFÍA

Las letras **r** y **rr**

Spanish has two "r" sounds: a single tap of the tongue tip against the ridge behind the upper teeth [r], and a vibrant or strong trill, made by repeated taps against the ridge [rr].

The single tap [r] is always spelled with the single letter **r**:

between vowels	**arena, colores, general**
at the end of a syllable	**partir, jardín**
after a consonant other than **n, l, s**	**gris, brindis, drama**

The spelling of the strong trill [rr] depends on the position in the word

between vowels, use **rr**:	**perro, carro, tierra**
at the beginning of the word, use **r**:	**razón, rey, risa, rico**
after **n, l,** or **s**, use **r**:	**Enrique, alrededor, Israel**

The strong trill of a word-initial **r-** is retained in a compound word by using the double **rr**: **costarricense** (< Costa **R**ica), **puertorriqueño** (<Puerto **R**ico), **pelirrojo** (< pelo **r**ojo).

Between vowels, the use of **r** or **rr** affects meaning:

caro *(expensive, dear)*	**carro** *(car, cart)*
cero *(zero)*	**cerro** *(hill)*
hiero (**yo** *form of* **herir**)	**hierro** *(iron)*
enterar *(to find out)*	**enterrar** *(to bury)*
pero *(but)*	**perro** *(dog)*

Iglesia en Taos

Nuevo México: Una isla interna

El estado de Nuevo México figura como el estado hispánico más antiguo de los Estados Unidos, y sigue siendo una especie de isla interna donde una cultura milenaria perdura. Aunque los exploradores españoles llegaron primero a la Florida, Nuevo México es donde más bien se establecieron tempranamente desde 1598. El primer europeo que llegó fue el trotamundos Alvar Núñez Cabeza de Vaca, quien penetró esta región caminando desde la Florida en 1536 y después publicó uno de los libros claves de las exploraciones españolas, intitulado *Relaciones* (1542). Desde ese contacto, surgió un gran interés por descubrir más de Nuevo México, ya que se hablaba de ciudades doradas y vacas enormes (o búfalos, conocidos entonces como cíbolos). Se creía que el área posiblemente tenía el potencial de poseer riquezas como la capital azteca—ya convertida en la Ciudad de México-- y por eso se le llamó por siglos "Nueva México".

En 1598 Juan de Oñate y su gran grupo de colonizadores llegaron a la parte norte de Nuevo México con miras de colonizar la región y seguramente encontrar oro y otros minerales preciosos. Para entonces se fundó la ciudad de Santa Fe como una las primeras y más permanentes ciudades hispánicas. Los colonizadores, enfrentando dificultades materiales y una vida dura en que a veces tuvieron que comer cuero cocido y sus zapatos, lucharon por la supervivencia comiendo lo que podían. Aprendieron de los indígenas locales cómo aguantar los inviernos hostiles y la escasez de comestibles. Por eso construyeron sus villas cerca de una cadena de pueblos indígenas que se encontraban próximos al Río Grande. Vivieron así siglos bajo la colonia española, pero poco a poco la distancia del poder virreal en la capital

hizo que se les olvidaron, creando una cultura particularmente mestiza y fronteriza. En 1680 hubo una sublevación de indígenas y los españoles huyeron a El Paso del Norte por unos años hasta que llegaron refuerzos en 1693 con la expedición de Don Diego de Vargas, finalmente logrando una reconquista definitiva y Nuevo México llegó a ser para siempre una región hispánica. Cuando se firmó el Tratado de Guadalupe Hidalgo en 1848 en que EE.UU. le quitó a México la mitad de su territorio, incluyendo Nuevo México, ya había una cultura arraigada y autosuficiente. Y, como era de carácter tan hispánico con otra lengua y otra gente étnica, le fue difícil hacerse estado de la Unión Americana hasta 1912, ya que los nuevomexicanos tuvieron que convencer a los otros norteamericanos que merecían ser parte del país.

Nuevo México tiene mucho orgullo de ser único, distinto de los otros estados del Sudoeste norteamericano que también tienen clara influencia de la cultura hispana. En parte se atribuye esta diferencia a dos factores históricos: primero, durante los siglos cuando era parte de la colonia española, por la distancia del centro de ese poder y cultura española en la Ciudad de México, y segundo, a consecuencia de esto, el aislamiento y ambiente por los cuales hasta los que penetraron el territorio norteño no se quedaron. Como escribió uno de los primeros exploradores del período, "Nuevo México parecía una especie de Siberia por su rusticación." Es decir, el Nuevo México original permaneció original.

Concretamente, ¿cuáles son estas características distintas? Algunas están arraigadas en la misma tierra: la cultivación del famoso chile produce una tradición

trotamundos *world traveler*

escasez *shortage*

virreal *viceregal, representing the King*

fronteriza *frontier character*

premiada *award-winning*

culinaria con el chile verde y colorado; una arquitectura distintiva a veces llamada "Santa Fe-Pueblo" también parece brotar de esa misma tierra en forma de casas de adobe; su propio estilo de muebles (sobre todo colonial); la adoración religiosa ha tomado características únicas (por ejemplo, el Santuario de Chimayo como un centro de peregrinaje religioso, y los penitentes como una institución religiosa *ad hoc*); una actitud de respeto profundo por la tierra, parcialmente derivada de las actitudes de los nativos americanos y por los puntos de vista pastoriles españoles.

No se trata de algo remoto enterrado en el pasado. Hasta hoy Nuevo México conserva cualidades que se resumen en una frases algo hiperbólica: "Tierra del Encanto," que refleja una imagen mágica, irreal, mítica. Adaptadas por la industria turística (agencias de viajes), el peligro es lo que pasa siempre: una romantización con fines comerciales que de alguna manera tiende a menospreciar algo bello y válido. Pero debajo de todo esto queda una realidad innegable y sumamente hermosa e intrigante.

También se nota una inspiración distinta en la literatura: las obras de Rudolfo Anaya con su premiada novela *"Bless Me, Última,"* Denise Chávez, Sabine Ulibarrí para mencionar solo algunos; en el arte de la famosa artista de Nueva York, Georgia O'Keefe, quien vino y se quedó, pintando esos retratos del paisaje que la hicieron famosa en todo el mundo.

En fin, Nuevo México es donde las distintas culturas se han mezclado con relativa facilidad, produciendo algo nuevo y distinto: un ambiente tri-cultural de hispanos, indígenas y angloamericanos, una diversidad única en el país.

1. ¿Por qué es diferente el ambiente de Nuevo México comparado con el resto del país?

2. Explique lo que significa "la isla interna" y "una cultura milenaria."

3. ¿Cuáles fueron los obstáculos en la integración de Nuevo México como estado?

Vista panorámica del Pueblo de Taos, Nuevo México

LITERATURA

Sobre el autor

RUDOLFO A. ANAYA es el escritor chicano más célebre de Nuevo México debido a su gran producción literaria en todos los géneros, y particularmente en la novela. Su habilidad de captar historias de un mundo antiguo combinado con el moderno llama mucho la atención, sobre todo recientemente con sus novelas de misterio y asesinato. Pero su novela maestra, *Bendíceme, Última*, es la que definió su carrera. La novela contiene un mundo de intriga y lucha entre varias fuerzas (herencia, religión, sociedad, modernidad), donde Antonio, el joven protagonista, busca su propio destino. Última, quien funciona como su guía espiritual, es la amiga de la familia que oscila entre ser bruja o curandera. La novela revela la profunda reflexión de Antonio en su mundo y una gran sensibiliad hacia la naturaleza.

En la siguiente selección, una introducción a la novela, el autor nos ofrece una perspectiva personal sobre su obra. Esperamos que esta introduccion sirva para estimular el interés de los estudiantes en leerla en su forma íntegra.

* *

Bendíceme, Última   (Rudolfo A. Anaya)

(Traducción de Francisco Lomelí)

Bendíceme, Última fue mi primera novela. En los años sesenta era un joven maestro en las escuelas públicas de Alburquerque, Nuevo México, y escribía de noche. A mediados de los sesenta me casé con Patricia y ella se convirtió en mi gran estímulo creativo. Escribí más de siete borradores de la novela y ella leyó cada uno, compartiendo sus sugerencias.

Yo nací en 1937 en el pequeño pueblo de Pastura, Nuevo México, en el llano de la parte oriental del estado. Poco después de nacer, mi familia se mudó a Santa Rosa al lado del Río Pecos donde me crié. *Bendíceme, Última* contiene elementos autobiográficos porque, a fin de cuentas, el escritor utiliza sus experiencias vivenciales. Pero la novela es una obra de ficción que sigue los dos años de ritos de pasaje del protagonista, Antonio. Escribí la novela en la primera persona porque me identifico íntimamente con Antonio.

Nunca tomé cursos de creación literaria mientras asistía a la universidad, y por eso mi obra fue de un autodidacta. Entrada la noche golpeaba las teclas de una vieja máquina de escribir Smith Corona y así es cómo escribí borrador tras borrador. El momento verdaderamente mágico en el proceso creativo fue cuando Última se me apareció y me instruyó para que la hiciera un personaje de mi obra. De repente, una novela sobre la aventura de un niño se convirtió en una intensa exploración del inconsciente.

Para mí, Última es más que una curandera en la tradición de nuestros curanderos nativos de Nuevo México. Ella es un depósito de las enseñanzas española, mexicana e indígena. Su papel consiste en "abrirle los ojos a Antonio" para que vea la belleza del paisaje y comprenda las raíces espirituales de su cultura. Con su orientación, Antonio empieza a comprender que el río, el llano y toda la naturaleza están saturados de algo espiritual. Todo está vivo, y Dios está en todas partes. De repente, los conflictos ordinarios de la niñez cobran un significado más profundo. Ahora Antonio tiene que comenzar su viaje adentrándose en los sueños y experiencias que son extraordinarios. Esto lo lleva a cuestionar por qué existe lo malo y lo bueno en el mundo.

Alburquerque *original Spanish spelling of Albuquerque*

borrador *draft (writing)*

llano *plain (geog.)*

a fin de cuentas *after all, in the final analysis*

vivencial *relating to life*

autodidacta *self-taught*

teclas *keyboard*

cobran *entail*

hechizado *bewitched*

bola de cabello *hair ball*

shamán *healer*

búho *owl*

aprendiz *apprentice, disciple*

fortuita *fortunate, lucky*

indígenas Pueblo *general name given to indigenous peoples of New Mexico*

partera *midwife*

sobadora *healer through massage*

enderezar *straighten*

nocivo *poisonous*

recinto *seminar, campus*

halagado *flattered*

maravillado *amazed*

alivio *uplift, boost (spirit)*

cotidiano /a *daily*

Cuando Antonio acompaña a Última a El Puerto para curar al tío que ha sido hechizado por las brujas, experimenta lo que pocos niños han experimentado. Él participa en una limpia en la que Última arroja la bola de cabello que había enfermado al tío. Así Antonio entra en el reino del shamán.

El folclore de Nuevo México, nuestros cuentos, contiene muchas historias sobre gente que puede tomar el cuerpo de búhos o coyotes, o de gente que puede volar. Estas brujas (a quien yo prefiero llamar shamanes) son gente de poder, cuya obra puede verse como buena o maligna, dependiendo de las necesidades de quienes les piden ayuda. Última es una shamán que usa su poder positivo para hacer el bien.

Con la llegada de Última, Antonio empieza su viaje dentro del "mundo de los espíritus", el reino donde el cual opera el shamán. Así Antonio entra en una nueva realidad. Sus sueños empiezan a reflejar este mundo mágico y a veces aterrador. ¿Es Antonio un aprendiz de Última? Si lo es, ¿cómo puede reconciliar las enseñanzas de la Iglesia con las creencias indígenas de Última? Estas y las otras decisiones que Antonio tiene que tomar crean una tensión en la novela.

Muchos me preguntan: "¿dónde conseguiste el nombre de Última?" Yo siempre contesto: "Ése era su nombre cuando vino a mí." Desde esa primera reunión fortuita, me he entrenado a ser atrapador de sueños. No procuro personajes, ya que ellos me piden que cuente sus historias.

Última llegó a revelarnos a mí y a Antonio el mundo del inconsciente. En el reino del inconsciente, los símbolos de mi cultura se conectan con los símbolos del mundo. La Carpa Dorada de la novela es un mito mío, ya que como narrador de historias también soy creador de mitos. La historia de la Carpa Dorada tiene resonancia con el símbolo cristiano del pescado, la mitología azteca y los cuentos de creación entre los indígenas Pueblo.

Había mujeres como Última en los pueblos tradicionales de Nuevo México. Cuando no había doctores en los pueblos, había parteras. Ellas eran sobadoras y a veces tenían que enderezar huesos rotos, y sabían usar una variedad de hierbas para curar varias enfermedades. Algunas de estas curanderas dirigían intensas ceremonias de limpieza para curar los efectos nocivos de las hechicerías de brujas. Hoy se puede ir a un psiquiatra para curar alguna aflicción mental, pero por más de cuatrocientos años en Nuevo México solamente teníamos nuestras propias curanderas, esas que yo llamo mujeres guerrilleras, quienes ayudaron a recuperar la armonía del alma fragmentada.

Hoy en día, las curanderas todavía ejercen su arte. Existe un renovado interés en la medicina tradicional, ya que curanderos holísticos siguen vigentes en algunas partes antes dominadas por las tradicionales curanderas. Todos conocemos a gente que parece tener habilidades especiales para hacernos sentir mejor el espíritu, y no sólo el cuerpo. Última tiene ese tipo de conocimiento.

Cuando terminé de escribir *Bendíceme, Última*, la envié a muchas de las editoriales más grandes. Recibí muchos rechazos, pero los escritores son de una voluntad fuerte. (Se tiene que ser así si se cree que hay gente esperando leer su historia). Finalmente, se lo envié a Quinto Sol, una editorial pequeña en Berkeley. El manuscrito fue aceptado y galardonado con el Premio Literario Quinto Sol de 1971 como la mejor novela chicana del año. Posteriormente la novela se publicó en 1972. En los años sesenta y setenta, la comunidad méxico-americana estaba pasando por un período de lucha por los derechos civiles. En las artes había un renacimiento llamado el Movimiento Chicano. La poesía, la ficción, el teatro, los murales y la música florecían y formaban parte de la lucha social y económica para mejorar la vida de los chicanos. Yo formé parte de ese movimiento literario y fui invitado a muchas universidades y comunidades para hablar sobre mi novela.

En 1974 empecé a impartir clases en la Universidad de Nuevo México. Seguí escribiendo para completar mi trilogía nuevomexicana, de cierto modo autobiográfico, con *Heart of Aztlán* (1976, *Corazón de Aztlán*); y *Tortuga* (1979). *Corazón de Aztlán* toma lugar en los años cincuenta en Barelas, un barrio de Alburquerque. Mis padres habían trasladado a la familia a la ciudad, siguiendo la tendencia después de la Segunda Guerra Mundial en la que muchas familias se mudaron de los pequeños pueblos nuevomexicanos a buscar trabajo en las ciudades más grandes. *Tortuga* es una novela que se acerca al realismo mágico donde el hospital se convierte en un mundo infernal contra el cual el niño, Tortuga, tiene que luchar para escapar de él.

Pero *Bendíceme, Última* sigue siendo la favorita. Creo que los lectores simpatizan con el viaje espiritual de Antonio. Tal vez, como Antonio, hemos cuestionado nuestra fe o nuestras creencias, y así entendemos su búsqueda por la verdad. La novela también explora el folclore, el mito y el sueño en una narración lírica. Los lectores me dicen que sienten que el paisaje cobra vida en la novela, el río palpita con su *presencia*, o sea, su alma, y el llano parece crear el carácter de la gente que vive allí. El sol y la luna, el río y el amplio llano, los temas del Bien y el Mal, las enseñanzas de la Iglesia Católica y la espiritualidad indígena, todos estos elementos forman arquetipos que afectan al lector. Las creencias de mi cultura tradicional nuevomexicana están arraigadas en la religión católica y los cuentos populares hispánicos del mundo ibérico. Estas creencias son influidas por los préstamos culturales y el modo de vida de los indígenas Pueblo. Tal cultura es el trasfondo de la novela. El estilo de vida de los nuevomexicanos es el que inspira mi creación, pero la novela no está escrita para explicar una cultura, sino para crear su propia cultura. Yo invento historias para que el lector tenga que separar las representaciones culturales realistas, de la ficción.

Aún sigo escribiendo. Después de concluir la novela *Alburquerque* (1992), luego escribí cuatro novelas de misterio y asesinato: *Zía Summer* (1995, *Verano de Zía*), *Río Grande Fall* (1996, *Otoño en el Río Grande*), *Shaman Winter* (1999, *Invierno del Shamán*) y *Jémez Spring* (2005, *Primavera de Jémez*). Las novelas toman lugar en la ciudad y tratan de más temas contemporáneos; aun así resuenan los mismos temas espirituales que exploré en *Bendíceme, Última*. También he escrito numerosos cuentos y ensayos, muchos dramas, libros para niños y cuentos para lectores jóvenes.

El éxito de *Bendíceme, Última* se debe en parte a los lectores. Un lector le cuenta a otro, o los maestros enseñan el libro a sus estudiantes. Me siento particularmente halagado cuando los lectores jóvenes leen y discuten mi obra. La historia de Antonio ha llamado la atención a lectores de todo el mundo. Ha sido traducida a muchos idiomas. Todavía quedo maravillado, hasta agradecido, con que la novela tenga este poder de conmover a la gente, y tal vez como Última lo hace, ayudar al proceso de alivio espiritual que todos necesitamos en nuestra vida cotidiana.

—Rudolfo A. Anaya
Alburquerque, Nuevo México

Comentario y discusión

1. ¿Qué nos revela el autor sobre un Nuevo México tradicional?
2. Como el autor habla de su propia vida, ¿qué valor tiene eso para el lector?
3. ¿Qué nos dice Anaya de su proceso creativo?
4. Aunque no han leído la novela, ¿qué sabemos de Última? ¿Y de Antonio?
5. ¿Qué quiere decir Anaya cuando escribe "la novela también explora el folclore, el mito y el sueño en una narración lírica."?
6. ¿Dónde encuentra el autor su satisfacción en haber escrito la novela?

NOTAS DE LENGUA

Los dialectos del español en EE.UU.

La historia del español en el territorio que hoy en día es Estados Unidos es larga y variada. El español se implantó desde los primeros momentos de la exploración y colonización de las Américas por los europeos. La ciudad más antigua de Norteamérica, San Agustín, Florida, fue fundada en 1565 por españoles, y en 1598 se establecieron las primeras ciudades y misiones de Nuevo México. (Cien años después, en 1607, se fundó la primera colonia inglesa en Jamestown, Virginia.)

El español que se habla en EE.UU. representa una diversidad de dialectos, debido a la historia de la colonización e inmigración de otras zonas del mundo hispano. A continuación se da un resumen de los grupos principales de hispanohablantes en EE.UU, con su respectiva historia y ubicación geográfica.

Porcentaje de Distribución de la Población Hispana por Origen: 2000

(Para información sobre protección de la confidencialidad, errores ajenos al muestreo y definiciones, vea www.census.gov/prod/cen2000/doc/sf1.pdf)

OTRO HISPANO 28,4
Cualquier otro hispano 17,3
Español 0,3
Sudamericano 3,8
Centroamericano 4,8
Dominicano 2,2
CUBANO 3,5
PUERTORRIQUEÑO 9,6
MEXICANO 58,5

Fuente: Oficina del Censo de los EE.UU., Censo 2000, Compendio de Datos 1 Summary File 1).

el suroeste (California, Arizona, Nuevo México, Tejas, Colorado)	La mayoría de los hispanohablantes son de origen **mexicano**. El caso de Nuevo México es especial, porque todavía quedan hablantes de un dialecto histórico, una forma del español que ha evolucionado a través de los siglos desde los primeros momentos de la colonización española (s. XVI).
la Florida	Los **cubanos** que escaparon o se exiliaron del régimen de Fidel Castro, a partir de la revolución cubana (1959), se asentaron en la zona sur del estado.
Nueva York, Nueva Jersey	Los **puertorriqueños**, quienes desde 1900 han sido ciudadanos de un territorio estadounidense con derecho a entrada libre a EE.UU., han llegado en oleadas constantes, la más grande en 1952 (más de 69.000 personas). También hay comunidades de **dominicanos** y **cubanos**.
Chicago; Carolina del Norte; estados del noroeste (Oregon, Idaho, Washington)	Muchos **mexicanos**, inmigrantes recientes (a partir de los 1980), trabajan principalmente en la agricultura. Se han incorporado a comunidades ya establecidas desde el programa Bracero de los 1940 o incluso antes.

Cabe añadir que en todas estas zonas viven los descendientes de inmigrantes de épocas anteriores, así que en muchos lugares encontramos a tres o más generaciones de hispanohablantes. El grado de asimilación a la cultura anglosajona varía según la familia y la comunidad, y en muchos casos los hijos mantienen el dialecto y las costumbres de sus antepasados. Los cubanos, puertorriqueños y dominicanos hablan un español de "tierras bajas" (véase Notas de lengua, capítulo 3), y los mexicanos han traído sus variados dialectos del norte y del sur (Notas de lengua, capítulo 5).

A pesar de la cultura común entre todos los hispanohablantes de EE.UU., existen diferencias lingüísticas y culturales que a veces causan conflictos políticos o interpersonales en la comunidad latina. En la prensa popular (revistas como *Latina* o *People en español*) se cuentan anécdotas de riñas entre novios de orígenes distintos (un novio mexicano-americano y su novia puertorriqueña, por ejemplo), sobre la comida o las tradiciones familiares. Y existen desacuerdos entre la comunidad de los descendientes de los colonos originales de Nuevo México y los inmigrantes más recientes, que han llegado a superar en número a las familias antiguas. Pero en general, hay cada vez más una conciencia de unidad latina. En los medios de comunicación se oyen tanto los dialectos locales como un español bastante estándar que intenta borrar las diferencias dialectales.

No es de sorprender que el contacto entre el español con el inglés haya afectado la lengua. En las Notas de Lengua del capítulo 7, veremos el fenómeno de *code switching*, el uso de dos lenguas al mismo tiempo, y en el capítulo 8, Ilan Stavans abre el debate sobre el fenómeno del spanglish: ¿Es un dialecto del español o una nueva lengua?

EN RESUMEN

¿A qué se refiere la"obra inacabada" dentro de los países latinoamericanos?

¿Dentro de los últimos dos o tres años, cuáles de estos países han tomado una nueva dirección política?

El Parque Chicano en San Diego, California es una conglomeración de murales visuales en las columnas del puente hacia la isla de Coronado en San Diego. Se distingue como el sitio donde figura la mayor cantidad de arte público chicano.

LA FRONTERA

AGENDA: TEMAS IMPORTANTES

1. ¿Cuáles son los factores que producen conflicto en la frontera entre México y los EE.UU.?

2. ¿Qué es necesario para resolver ese conflicto?

3. ¿Por qué es importante la migración para México y para los EE.UU?

ORIENTACIÓN CRONOLÓGICA

1819 — Después de varias incursiones de soldados norteamericanos en la Florida—una colonia española en esa época—España vende su territorio a los EE.UU. (Tratado Adams-Onís) por 5 millones de dólares.

1823 — El Presidente James Monroe proclama la Doctrina Monroe. Anuncia una prohibición a cualquier incursión europea en el hemisferio occidental (Hispanoamérica).

1836 — Sam Houston y otros rebeldes tejanos (Texas era territorio de México) derrotan al ejército del general mexicano Antonio López de Santa Anna y proclama Texas una república independiente.

1846-1848 — EE.UU. declara guerra contra México, terminando con la derrota del ejército mexicano. Según el Tratado de Guadalupe Hidalgo, México tiene que vender por 15 millones de dólares lo que es hoy Arizona, California, Nuevo México, Utah, Nevada y partes de Colorado, y establece el Río Grande (Río Bravo) como la frontera entre los dos países.

1853 — El aventurero William Walker invade México y declara Sonora una república. Los soldados mexicanos lo derrotan y lo echan del país.

1853 — El mismo Walker llega a Nicaragua y se declara dictador del país. Un ejército centroamericano lo derrota.

1860 — Walker invade Honduras, es capturado y ejecutado.

1910-1920 — La Revolución Mexicana ocupa la atención del país.

1914 — Pancho Villa ataca la pequeña ciudad de Columbus, Nuevo México. El presidente Wilson manda al General Pershing y un ejército en busca de Villa, pero nunca pudo encontrarlo.

EE.UU. manda los marinos a Veracruz para ayudar a los revolucionarios contra Victoriano Huerta.

1924 — "National Origins Act" impone un sistema de cuotas que favorece la inmigración de los europeos.

1941 — Los EE.UU. entra en la Segunda Guerra Mundial (1941-1945). El número de migrantes mexicanos es más o menos mínimo.

1941-1945 — 375,000 mexicanos y méxico-americanos sirven en el ejército de los EE.UU. El Presidente Roosevelt anuncia un nuevo programa (llamado "Los Braceros") para dejar entrar a los obreros mexicanos, reflejando la falta de trabajadores en los EE.UU.

1959 — La Revolución Cubana. Fidel Castro y su banda de guerrilleros derrotan al dictador Fulgencio Batista y declara Cuba un país independiente y socialista.

Empiezan las olas de cubanos que huyen de la isla bajo Castro. Al principio la mayoría son profesionales o de clase media.

Invasión de Cuba por un grupo anti-castrista patrocinado extra-oficialmente por los EE.UU. El grupo es derrotado en la Bahía de Cochinos.

1965   Invasión de la República Dominicana por los EE.UU con la intención de suprimir una rebelión contra Juan Bosch, el primer presidente elegido democráticamente.

Abolición del sistema de cuotas en las leyes estadounidenses de inmigración.

1980   La llegada a la Florida de otro grupo de refugiados cubanos—los llamados Marielitos (de Mariel, nombre de un pueblo en la bahía de la Habana) en busca de una bienvenida en los EE.UU. Este último grupo era de la clase pobre, campesinos, y gente que Castro quería echar del país (un porcentaje con antecedentes criminales). Cambió la política estadounidense hacia los inmigrantes cubanos.

1994   El Estado de California impone la medida 187 que suprime cualquier ayuda o beneficio a los migrantes ilegales, incluyendo la exclusión a sus hijos de la educación pública.

2001   Ataque terrorista contra las Torres Gemelas en Nueva York.

2005   Debido a la demanda por la labor y mejores sueldos, la migración continúa a pesar de una mayor vigilancia en las fronteras. Empieza un movimiento conflictivo de individuos (los "Minutemen") para aumentar la vigilancia y cazar a los mexicanos y centroamericanos que entran ilegalmente.

INTRODUCCIÓN

Este capítulo presenta lo que se ha convertido en un constante dilema para los Estados Unidos. De una parte la presión de controlar a los inmigrantes, como parte del creciente sentido de seguridad y, de otra, la continua necesidad de la labor latina con que los Estados Unidos depende cada vez más.

Es un dilema también para México, cuya economía cuenta con los ingresos mandados por los inmigrantes a sus familias que han quedado al otro lado. No admite soluciones fáciles y, como muchos problemas con dimensiones económicas, suele sufrir una inflación retórica cuando entra en el campo político. Este capítulo pretende presentar varios puntos de vista sobre esta cuestión tan importante para los dos países.

1. La frontera con Canadá es mucho menos conflictiva que la de EE.UU. y México. ¿Por qué?
2. Como se ha comentado en un capítulo anterior, la política del "Buen Vecino" del Presidente Franklin D. Roosevelt abrió la frontera a los inmigrantes durante la Segunda Guerra Mundial (1939-1945). ¿Qué cambios se han visto desde entonces con respecto a esta política?
3. Se usa arriba en la introducción la expresión "inflación retórica." ¿Qué significa? ¿En qué tipo de conflicto es más probable ver tal fenómeno? ¿Conoce usted ejemplos de inflación retórica alrededor del tema de la migración?

GUIÓN - *El espejo enterrado*

América Latina: una sociedad enérgica. Pero los problemas siguen creciendo y rebasando los programas sociales—poblaciones en aumento, creciente demanda de empleos, el imán de las grandes ciudades—y de la potencia vecina: los EE.UU. de América, donde una tercera hispanidad, antigua y nueva, nos espera detrás de la larga frontera de casi tres mil kilómetros entre México y los EE.UU. La frontera entre México y los EE.UU. es la única frontera visible entre el mundo desarrollado y el mundo en desarrollo. También es la frontera entre Angloamérica y Latinoamérica que empieza aquí. Es una frontera inacabada, como estas barreras, zanjas y alambradas que se erigen rápidamente para impedir el paso de inmigrantes hispánicos y luego son abandonadas, inacabadas.

A veces es fácil pasar la frontera. Bastan unos cuantos pasos para entrar ilegalmente a los EE.UU. Algunos vienen buscando trabajo. Otros huyen de los conflictos políticos de Centroamérica. Pero es difícil llegar al otro lado. En medio, una tierra de nadie en la que el inmigrante debe desafiar la vigilancia de las patrullas fronterizas norteamericanas. A dos millas de distancia el refugio anónimo de las calles norteamericanas.

Esta es la historia de un encuentro inacabado entre las culturas del Nuevo Mundo. Y la frontera méxico-norteamericana, dicen algunos al cruzarla, no es realmente una frontera: es una cicatriz. ¿Volverá a sangrar? ¿O se cerrará de una vez por todas?

Las patrullas trabajan día y noche para detener el paso de los indocumentados. Tienen a su disposición las más modernas tecnologías. El inmigrante sólo tiene la ventaja numérica y la presión de millones de seres humanos a sus espaldas. Son las víctimas perfectas. En una tierra extranjera, no hablan inglés, duermen a la intemperie, temen a las autoridades. Abogados y empleadores sin escrúpulos juegan con sus vidas y sus libertades. A veces son tratados brutalmente, a veces son asesinados. Y sin embargo, no son criminales, son sólo trabajadores.

* * [3'00] * *

El continente americano es tierra de inmigrantes. La Misión de San Juan Capistrano es sólo una entre varias iglesias construidas de Texas a California hace más de dos siglos para evangelizar a la población indígena. Todo esto fue territorio español primero y luego mexicano durante 300 años. Y todos nosotros vinimos a América desde otra parte, empezando con las tribus nómadas llegadas de Asia y que se convirtieron en los primeros americanos; cazadores, más tarde pastores y agricultures: los indios.
Un continente de inmigrantes. Luego vinieron los españoles. Dejaron aquí su lengua y su religión y a veces sus huesos, generación tras generación de hispanoparlantes, de Texas a California, hasta el día de hoy. Y sólo más tarde, aparecieron los anglomericanos.

Aquí viví durante mi infancia. Mi padre era consejero de la Embajada de México, aquí mismo en la calle 16, y yo venía a jugar en este parque en años excitantes, los años del nuevo trato norteamericano, cuando los Estados Unidos trataron de resolver sus problemas movilizando el más precioso de todos sus recursos: su capital humano, su gente.

La vieja embajada es ahora un centro cultural mexicano. Pero en 1938 este fue un centro de intensa actividad diplomática. Mi padre nos platicaba de estos asuntos a la hora de la cena y creó en todos nosotros, en nuestra pequeña familia mexicana en Washington, mi padre y mi madre, mi hermana y yo, un intenso interés y preocupación acerca de lo que ocurría en México. La Revolución Mexicana llegó a su apogeo bajo la presidencia de Lázaro Cárdenas, la reforma agraria distribuyó tierras, les regresó tierras a los campesinos, pero afectó muchos intereses norteamericanos. Y en marzo de 1938 el Presidente Cárdenas nacionalizó el petróleo en México. Pero esta vez, en vez de enviar los cañoneros a Veracruz, el Presidente Franklin Roosevelt decidió respetar la decisión soberana de México. Los Presidentes Cárdenas y Roosevelt iniciaron una nueva etapa

de la relación entre México y los Estados Unidos. La cooperación en vez de la confrontación, la negociación en vez de la intervención. Es todo lo que hemos pedido siempre en la relación con Norteamérica. Todo esto fue celebrado aquí en la embajada en los murales por el artista mexicano Cueva del Río.

Latinoamérica y Norteamérica se dan la mano bajo la mirada aprobatoria de Juárez, Lincoln y Bolívar. Se celebra la nueva identidad de México como nación moderna—aeroplanos, fábricas y tractores.

DESPUÉS DE VER

1. Los comentarios de Carlos Fuentes sobre la frontera reflejan la situación al principio de la década de los 1990. En su opinión, ¿siguen válidos en la época actual? Si hay cambios, ¿cuáles son?

2. ¿Cómo inciden los siguientes factores en la cuestión general de la frontera?

   a. La demanda para trabajadores en los EE.UU.
   b. La falta de empleo en México y otras partes de Latinoamérica
   c. la falta de medidas adecuadas contra la inmigración ilegal de parte de los EE.UU.
   d. Dado el número creciente de votantes en las elecciones norteamericanas, el uso de la cuestión con motivos políticos
   e. El miedo en los EE.UU. de que algunas personas puedan pasar la frontera con fines terroristas.

3. ¿Cree usted que es más difícil ahora pasar la frontera ilegalmente?

4. El padre de Carlos Fuentes era embajador de México en Washington cuando él era niño. ¿Qué estaba pasando en ese período en las relaciones entre los dos países?

5. En el mural de la embajada hay una representación de amistad entre los EE.UU. e Hispanoamérica. ¿Fue profética la visión del muralista para hoy?

Barrera entre Tijuana, México, y San Diego, California

Ciudad Juárez, México

La hispanidad en los Estados Unidos: *Primera minoría nacional*

Los hispanos en los Estados Unidos han estado aumentando a un ritmo acelerado por sus números, su influencia y su presencia. Actualmente, hay más de cuarenta millones por todo el país, con una gran mayoría de ascendencia mexicana (unos treinta millones). Lo que llama la atención más que nunca es su amplia distribución por todo el país con su gran diversidad étnica y cultural. Hace apenas treinta años que casi todos se encontraban en el Suroeste norteamericano, sobre todo en la franja fronteriza donde México y Estados Unidos se juntan. Pero, en los últimos años los latinos se han convertido en un fenómeno nacional más allá de los barrios o los campos agrícolas, penetrando los rincones más recónditos imaginables de todos los estados norteamericanos. Hace pocos años, cuando hablaban de latinos en Estados Unidos, se referían a personas de ascendencia mexicana, pero ahora se codean con puertorriqueños, cubanos, salvadoreños, guatemaltecos, nicaragüenses, colombianos, dominicanos, etc. En otras palabras, se está creando en EE.UU. el pan-Latino como una mezcla de las distintas hispanidades. Desde hace tiempo ha existido un grupo numeroso de latinos en Chicago, Los Ángeles y Miami, pero ahora se encuentran en lugares menos esperados como Alaska, Maine, North Carolina, Georgia, Minnesota, Missouri, Washington, Indiana y partes del Noroeste. ¿A qué se debe esto? Los patrones de inmigración sin duda han cambiado considerablemente, ya que a veces pueblos enteros se desplazan a ciertas ciudades específicas mediante nexos familiares o debido a las fuentes de trabajo.

El mundo norteamericano está cambiando y la influencia latina representa una fuerza decisiva. Su vitalidad, su ritmo y sus gustos van penetrando la cultura norteamericana para así crear tonalidades como sabores diferentes. Además, es un mito creer que todos los latinos son inmigrantes, sobre todo recientes. Muchos tienen raíces antiguas por sus descendientes que se remontan hasta 15 ó 20 generaciones, ya que los primeros exploradores y colonos de los siglos XVI y XVII se establecieron en distintas partes del continente. Por ejemplo, en Nuevo México y partes de Colorado, hay descendientes con los mismos apellidos que trazan sus orígenes a esos exploradores y colonos

originales. Los llamados "californios" también precedían a los norteamericanos que venían de la costa del este. Todo esto cambió cuando los norteamericanos europeos invadieron el vasto norte de México—lo que después se convirtió en el Suroeste norteamericano con la guerra entre México y Estados Unidos y el Tratado de Guadalupe Hidalgo de 1848, cuyo acuerdo cedió la mitad de México a Estados Unidos.

Cada vez más los latinos sobrepasan una barrera en el mundo norteamericano. Antiguamente se les veía como trabajadores laborales de campo (campesinos o piscadores de frutas y legumbres), de espacios domésticos (empleadas de casa o jardineros) y de servicios generales (lavaplatos o guardas de seguridad), pero debido a su nueva mobilidad social, han logrado entrar en nuevos sectores de trabajo como profesionales, ejecutivos y profesores. Es decir, la nueva clase media latina (casi inexistente apenas hace 40 años) ahora es notable por su desarrollo y vitalidad. Su crecimiento es tal que ahora se hacen referencias a lo que algunos llaman la Generación "Ñ" por su sofisticación, por su capacidad bilingüe, por sus avances en los ámbitos educativos, y por su poderío como grupo consumidor. Es ya una cultura que ha aprendido a negociar con el *mainstream* norteamericano a la vez que procura retener sus raíces culturales. Eso es su dilema tanto como su fuerza. Si visión es múltiple: se identifican con dos lenguas, se relacionan con dos identidades, se empapan de dos culturas, y así buscan contribuir a la construcción de una mayor convivencia multicultural en este país, algo enfatizado repetidas veces por Carlos Fuentes en el video.

La influencia hispana, por ejemplo, se hace patente en el mundo cultural más allá de sus números. Hace apenas pocas décadas no se sabía de muchos hispanos entre los artistas o empresarios. En cambio, hoy sobran los artistas (Los Lobos, Ricky Martin, Jennifer López, Edward James Olmos) que han penetrado las altas esferas de influencia en Estados Unidos. Si antes existían medios de comunicación de orden modesto entre latinos (periódicos como *La Opinión* en San Antonio y luego en Los Ángeles, como también revistas regionales o religiosas), ahora encontramos una variedad como nunca (*Cosmopolitan* en español, la revista nacional *Latina* y otras), etc. Además, su arte visual (muralismo chicano, Patssi Valdez, Esther Hernández), su cinematografía (Luis Valdez, Robert Rodríguez, Lourdes Portillo), su literatura (Oscar Hijuelos, Sandra Cisneros, Ana Castillo, Cristina García, Rolando Hinojosa-Smith) y quizás principalmente en la música (Carlos Santana, Gloria Estefan, Enrique Iglesias).

Hasta en el mundo de la comida las especialidades de origen mexicano, caribeño y centroamericano han dejado de ser identificadas extranjeras y forman una parte cotidiana de lo que la gente en los Estados Unidos considera suya. Ejemplos obvios son el taco, el burrito, las enchiladas, los nachos y la salsa. Otros platos de origen caribeño son: el plátano frito, el arroz con gandules, los chicharrones y los frijoles negros son objetos de consumo diario.

En el mundo político los latinos han sido notables por su intervención activista, sobre todo en las décadas de los sesenta y los setenta. César Chávez y Dolores Huerta en California tuvieron un impacto permanente en busca de mejores condiciones de trabajo en los campos, un aumento de sueldos, seguros para los trabajadores descapacitados y la eliminación del uso de insecticidas en el campo. López Reies Tijerina en Nuevo México—un poco quijotescamente—trató de buscar la manera de devolver las tierras a descendientes a quienes se les habían quitado en el pasado lejano. Rodolfo "Corky" Gonzales de Colorado se propuso crear sistemas de apoyo social en los centros urbanos a personas de limitados recursos. Miguel Angel Gutiérrez de Texas intentó recuperar cierto poderío político en los pueblos rurales de gran mayoría chicana, con el fin de controlar su propio destino. Un gran número de cubanos inmigraron por escaparse de su patria por razones políticas. Muchos caribeños y centroamericanos también entraron debido a condiciones de pobreza y persecución política que experimentaban. Esos eran días de lucha abierta, de movimientos o de masivas inmigraciones: protestas en escuelas, huelgas laborales, manifestaciones estudiantiles, demandas a las instituciones de enseñanza que incluyeran la cultura chicana en los estudios universitarios.

Los latinos se han establecido como una fuerza social en todos los ramos de este país. No es raro que un candidato político angloparlante descubra de repente la ventaja de aprender algo del español. Sin embargo, como confirma la historia de todos los avances sociales, los últimos años han producido importantes cambios en la política de la inmigración, como indican los apuntes de abajo.

1. ¿Sabe que los latinos ahora son la minoría más numerosa en EE.UU.? ¿Cómo se explica eso?

2. ¿Cómo fue el mundo norteamericano antes de estos cambios en términos de diversidad cultural?

3. ¿Cuál es la nueva realidad de culturas mixtas en el mundo al nivel internacional?

4. ¿Es cierto que tales mezclas son más aceptables hoy día?

5. ¿Cuáles son los diferentes grupos latinos dentro de los EE.UU.?

6. ¿En qué campos o áreas se destacan los latinos?

César Chávez, dirigente sindicalista latino

La política de la inmigración

La política de la inmigración va cambiando debido a varios factores, algunos contradictorios. Un punto de partida es el del pragmatismo: (1) los inmigrantes ya están en el país; (2) cumplen un papel necesario en la economía; (3) hay que aceptar esta realidad, buscando una manera de "legitimarlos", incluidos los indocumentados. Algunos proponen un sistema de amnistía pero de ahí en adelante, no admitir más gente sin documentos. Otros están en contra de cualquier medida que, en efecto, haga la vista gorda ante la situación. Los más severos, por motivos quizás cuestionables, han adaptado un recurso: enlistarse como voluntarios (¿vigilantes?) para añadir fuerza al número inadecuado de los oficiales de la patrulla fronteriza, aunque sin permiso o autorización del gobierno federal.

En grupos de dos o tres compañeros de clase discuta los siguientes factores y su impacto en la inmigración de la frontera. Después escriba un párrafo breve sobre los que le parecen claves.

  a. la economía de los EE.UU.
  b. la economía de México o del Caribe
  c. la cuestión de seguridad nacional (EE.UU.)
  d. el problema de los narcotraficantes
  e. el racismo
  f. los cambios políticos en los EE.UU. y en Hispanoamérica

Conceptos clave

¿Qué significan los siguientes términos? Intente distinguir entre los que aparecen agrupados.

frontera	línea
franja fronteriza	indocumentado vs. ilegal vs. *alien*
alambrista	Cortina de Tortilla
Nueva Frontera	migración
mojado vs. *wetback*	*frontier* vs. *border* vs. *borderlands* vs. *boundary*

1. Explique dando ejemplos cómo van cambiando los idiomas y cómo se influyen mutuamente.
2. ¿Por qué es importante ver con cuidado el fenómeno de fronteras para entender el futuro?
3. ¿Cómo ha influido la inmigración en los Estados Unidos en la formación de la cultura norteamericana?
4. ¿Cómo se justificaría ampliar la idea de "frontera" al concepto de islas como Puerto Rico o Cuba? ¿En qué difieren o se asemejan?
5. ¿Cree usted que la globalización estrecha las distancias y diferencias culturales? ¿Qué impacto tendrá este fenómeno en el futuro?
6. Defina los conceptos de "norteamericanización" en Latinoamérica y la "tropicalización" de Norteamérica.

GRAMÁTICA EN BREVE

Los mandatos formales

Formal commands (direct commands given to people you would address as **usted** or **ustedes**) are formed using the present subjunctive forms of the verb:

Verb	*usted* command	*ustedes* command
comprar	**compre** (Ud.)	**compren** (Uds.)
comer	**coma** (Ud.)	**coman** (Uds.)
escribir	**escriba** (Ud.)	**escriban** (Uds.)

The same forms are used for negative commands (e.g. **¡No compre ese carro!** *Don't buy that car!*)

The pronouns **usted** and **ustedes** (often abbreviated to **Ud.** and **Uds.**, respectively) are optional, but when used they add to the formal, polite tone.

Los mandatos familiares

Commands given to someone whom you would address as **tú** are identical to the third-person indicative (**usted**, **él**, **ella**) verb forms of regular verbs. The plural informal in Latin America is **ustedes**, which uses the same forms as the formal commands above.*

Verb	*tú* command	*ustedes* command
comprar	compra	**compren** (Uds.)
comer	come	**coman** (Uds.)
escribir	escribe	**escriban** (Uds.)

Note: The following verbs have irregular **tú** command forms:

decir	**di**	hacer	**haz**	ir	**ve**
poner	**pon**	salir	**sal**	ser	**sé**
tener	**ten**	venir	**ven**		

*In Spain, the informal plural pronoun is **vosotros**, with its associated verb forms. The **vosotros** command (plural, informal) is made by dropping the **-r** from the infinitive and adding **-d** (**comprad, comed, escribid**). The negative commands use the subjunctive (**no compréis, no comáis, no escribáis**).

For the negative familiar (singular) the subjunctive forms are used:

Verb	*tú* command: affirmative	*tú* command: negative
comprar	compra	**no compres**
comer	come	**no comas**
escribir	escribe	**no escribas**

With both formal and familiar commands, object pronouns (**me, te, lo, la, le, nos, os, los, las, les, se**) are attached to the end of the affirmative but precede the negative command unattached:

Verb	affirmative	negative
comprar	**cómprelo** (Ud.)	no lo compre
comer	**cómelos** (tú)	no los comas
escribir	**escríbanselo** (Uds.)	no se lo escriban

Note that attaching object pronouns may require the insertion of a written accent.

ORTOGRAFÍA

Las letras **h**, **g** y **j**

The letter **h** is always silent in Spanish:

hermano [ermáno]   **ahora** [aóra]   **azahar** [asár]

The letter **g** before **e** or **i** (as in **gente, gila**) is pronounced identically to the Spanish **j** (**jugo, trabaja**). Both letters indicate a voiceless velar fricative (phonetic symbol [x]), a sound made in the same place in the mouth as the consonant [k], but the back of the tongue is lowered slightly to allow air to pass continuously, with substantial audible friction.

Before other vowels (**a, o, u**) the **g** is similar to the English **g**: **gato, gusto**. In a word- or phrase-internal position (except after **n**), the **g** is a weak gargling sound, almost silent:

hago   salgo   una gota

In some dialects (specifically in *tierras bajas* or coastal areas) the sound of **j** and **g**^{e}/**g**^{i} is similar to the [h] sound, as in an English word like *happy*:

mi'jo (< mi hijo) = [miho] (Centroamérica)
jugar = [hugal] (Puerto Rico)

In the Spanish of Chile, one often hears a [y] off-glide sound after **j** or **g** when the vowel **e** follows:

gente sounds like *giente*   **dije** sounds like *dijie*

CONTEXTO CULTURAL:

Frontera y más fronteras

Hay fronteras y hay fronteras, pero como la frontera México-Estados Unidos no hay dos. La frontera invita un sinnúmero de percepciones debido a su carácter complejo. Su extensión de unas 2,000 millas, desde Tijuana (Baja California) hasta Brownsville (Texas), tiene barreras físicas como desiertos, montañas y por supuesto el Río Grande al sur de Texas, pero la barrera más grande es psicológica y económica. La frontera representa más que una línea en la arena: es una zona o una franja donde convergen dos culturas, dos historias y dos economías, es decir, el Primer Mundo con el Tercer Mundo, el pasado con el futuro, lo tradicional con lo innovador. Pero, aun más importante, es donde dos mundos se mezclan, se compenetran y se combinan. Algunos creen que es donde estos dos mundos más bien chocan y se repelen, pero la evidencia parece desmentir esta impresión. Ambos lados de la frontera toman cualidades del otro, prestándose mutuamente lenguaje, costumbres, comidas, música y cosmovisión. Este fenómeno ocurre a tal grado que se puede afirmar que existe una tercera cultura única: híbrida, mixta y pronosticadora del mundo futuro para ambos países. Es un espacio donde también se experimenta la globalización de lo que se podría denominar la Nueva Frontera. A la vez también se habla de la Cortina de Tortilla como una franja de influencia cultural que se mueve hacia el sur en México y hacia el norte en Estados Unidos. En Latinoamérica se refieren a esto como la 'norteamericanización' de las culturas al sur del Río Grande, mientras que en Estados Unidos se dice que está ocurriendo más y más un proceso de 'latinoamericanización' o 'tropicaliza-

ción'. Como sea, la tecnología, el comercio y los medios de comunicación (e.g. teléfonos celulares, tarjetas telefónicas, el fax, el internet, el e-mail, FedEx y giros postales) agilizan el contacto inmediato, reduciendo distancias y estrechando los mundos.

Dicha frontera ofrece características particulares como en ninguna otra parte. Por ejemplo, existe un río con dos nombres, Río Grande y Río Bravo. Además, Tijuana como punto de entrada representa la frontera más cruzada en el mundo. A la vez marca una región donde dos países más dispares y diferentes culturalmente llegan a fundirse, creando una conciencia fronteriza especial e inigualada. Las personas, como las respectivas culturas, aquí adquieren formas y rasgos semejantes entre ellas, pareciéndose menos a su cultura *mainstream* de su país. O sea, Tijuana se parece más a Tucson que a Guadalajara, y San Antonio se parece más a Juárez que a Kansas City. La franja cultural, entonces, es amplia, abarcadora y cada día va creciendo hacia el norte y hacia el sur por su naturaleza porosa. Las cosas como las culturas aquí se superimponen, creando algo original de sus dos influencias.

Como ha existido el conflicto en la frontera, varios términos son reflejos de esa situación. Algunas palabras son despectivas y otras son más descriptivas: compárese la diferencia entre 'wetback' y 'mojado' o 'alien' e 'indocumentado'. En California y Arizona antes se usaba el término 'alambrista' por tratarse de alguien que cruzaba un alambre fronterizo, ya que no hay ríos por las fronteras de esos estados.

LITERATURA

SELECCIÓN 1: *"Cajas de Cartón"*

Sobre el autor

Nacido en Tlaquepaque, Jalisco, FRANCISCO JIMÉNEZ y familia se mudaron a California donde trabajaron como migrantes. De aquí surge su gran interés en estos campos en los niños y cómo tratan con los muchos cambios. El es un excelente narrador de cuentos sobre la experiencia y perspectiva de jóvenes, representándolos con una sensibilidad especial acerca de sus problemas sociales como de su angustia. Entre sus varias obras figuran las siguientes: The Identification and Analysis of Chicano Literature (1979), Mosaico de la vida: prosa chicana, cubana y puertorriqueña (1981), The Circuit: Stories from the Life of a Migrant Child (1997), Cajas de cartón: Relatos en la vida peregrina de un niño campesino (1998), La mariposa (1998) y Breaking Through (2001).

. . . .

Cajas de cartón (Francisco Jiménez)

Era a fines de agosto. Ito, el contratista, ya no sonreía. Era natural. La cosecha de fresas terminaba, y los trabajadores, casi todos braceros, no recogían tantas cajas de fresas como en los meses de junio y julio.

Cada día el número de braceros disminuía. El domingo sólo uno—el mejor pizcador—vino a trabajar. A mí me caía bien. A veces hablábamos durante nuestra media hora de almuerzo. Así es como aprendí que era de Jalisco, de mi tierra natal. Ese domingo fue la última vez que lo vi.

Cuando el sol se escondió detrás de las montañas, Ito nos señaló que era hora de ir a casa. "Ya hes horra," gritó en su español mocho. Esas eran las palabras que yo ansiosamente esperaba doce horas al día, todos los días, siete días a la semana, semana tras semana, y el pensar que no las volvería a oír me entristeció.

Por el camino rumbo a casa, Papá no dijo una palabra. Con las dos manos en el volante miraba fijamente hacia el camino. Roberto, mi hermano mayor, también estaba callado. Echó para atrás la cabeza y cerró los ojos. El polvo que entraba de fuera lo hacía toser repetidamente.

Era a fines de agosto. Al abrir la puerta de nuestra chocita me detuve. Vi que todo lo que nos pertenecía estaba empacado en cajas de cartón. De repente sentí aun más el peso de las horas, los días, las semanas, los meses de trabajo. Me senté sobre una caja, y se me llenaron los ojos de lágrimas al pensar que teníamos que mudarnos a Fresno.

Esa noche no pude dormir, y un poco antes de las cinco de la madrugada, Papá, que a la cuenta tampoco había pegado los ojos en toda la noche, nos levantó. A pocos minutos los gritos alegres de mis hermanitos, para quienes la mudanza era una gran aventura, rompieron el silencio del amanecer. Los ladridos de los perros pronto los acompañó.

Mientras empacábamos la loza del desayuno, Papá salió para encender la "Carcanchita." Ese era el nombre que Papá le dio a su viejo Plymouth negro

---

contratista *labor contractor*

pizcador *picker (Mex.)*

"Ya hes horra..." *It's time (in broken Spanish, = ya es hora)*

mocho *broken*

volante *steering wheel*

toser *cough*

chocita *small shack*

pegar los ojos *to sleep*

ladridos *barking*

del año 38. Lo compró en una agencia de carros usados en Santa Rosa en el invierno de 1949. Papá estaba muy orgulloso de su carro. "Mi Carcanchita" lo llamaba cariñosamente. Tenía derecho a sentirse así. Antes de comprarlo, pasó mucho tiempo mirando otros carros. Cuando al fin escogió la "Carcanchita," la examinó pulgada por pulgada. Escuchó el motor, inclinando la cabeza de lado a lado como un perico, tratando de detectar cualquier ruido que pudiera indicar problemas mecánicos. Después de satisfacerse con la apariencia y los sonidos del carro, Papá insistió en saber quién había sido el dueño. Nunca lo supo, pero compró el carro de todas maneras. Papá pensó que el dueño debió haber sido alguien importante porque en el asiento de atrás encontró una corbata azul.

Papá estacionó el carro enfrente a la choza y dejó andando el motor. "Listo," gritó. Sin decir palabra, Roberto y yo comenzamos a acarrear las cajas de cartón al carro. Roberto cargó las dos más grandes y yo las más chicas. Papá luego cargó el colchón ancho sobre la capota del carro y lo amarró con lazos para que no se volara con el viento en el camino.

Todo estaba empacado menos la olla de Mamá. Era una olla vieja y galvanizada que había comprado en una tienda de segunda en Santa María el año que yo nací. La olla estaba llena de abolladuras y mellas, y mientras más abollada estaba, más le gustaba a Mamá. "Mi olla," la llamaba orgullosamente.

Sujeté abierta la puerta de la chocita mientras Mamá sacó cuidadosamente su olla, agarrándola por las dos asas para no derramar los frijoles cocidos. Cuando llegó al carro, Papá tendió las manos para ayudarle con ella. Roberto abrió la puerta posterior del carro y papá puso la olla con mucho cuidado en el piso detrás del asiento. Todos subimos a la "Carcanchita." Papá suspiró, se limpió el sudor de la frente con las mangas de la camisa, y dijo con cansancio. "Es todo."

Mientras nos alejábamos, se me hizo un nudo en la garganta. Me volví y miré a nuestra chocita por última vez.

Al ponerse el sol llegamos a un campo de trabajo cerca de Fresno. Ya que Papá no hablabla inglés, Mamá le preguntó al capataz si necesitaba más trabajadores. "No necesitamos a nadie," dijo él, rascándose la cabeza, "pregúntele a Sullivan. Mire, siga este mismo camino hasta que llegue a una casa grande y blanca con una cerca alrededor. Allí vive él."

Cuando llegamos allí, Mamá se dirigió a la casa. Pasó por la cerca, por entre filas de rosales hasta llegar a la puerta. Tocó el timbre. Las luces del portal se encendieron y un hombre alto y fornido salió. Hablaron brevemente. Cuando el hombre entró en la casa, Mamá se apresuró hacia el carro. "¡Tenemos trabajo! El señor nos permitió quedarnos allí toda la temporada," dijo un poco sofocada de gusto y apuntando hacia un garaje viejo que estaba cerca de los establos.

El garaje estaba gastado por los años. Roídas por comejenes, las paredes apenas sostenían el techo agujereado. No tenía ventanas y el piso de tierra suelta ensabanaba todo de polvo.

Esa noche, a la luz de una lámpara de petróleo, desempacamos las cosas y empezamos a preparar la habitación para vivir. Roberto enérgicamente se puso a barrer el suelo; Papá llenó los agujeros de las paredes con periódicos viejos y con hojas de lata; Mamá les dio de comer a mis hermanitos. Papá y Roberto entonces trajeron el colchón y lo pusieron en una de las esquinas del garaje. "Viejita," dijo Papá, dirigiéndose a Mamá, "tú y los niños duerman en el colchón, Roberto, Panchito y yo dormiremos bajo los árboles."

trastes *dishes (Mex.)*

perico *parakeet*

capota *roof (of car)*

olla *pot*

la "Carcanchita" *a jalopy* *(variant of carcacha, Mex.)*

de segunda *second hand*

abolladuras y mellas *dents and nicks*

sujetar *hold (down)*

asas *handles*

un nudo en la garganta *a lump in the throat*

gastado *worn out*

roídas por comejenes *eaten by termites*

ensabanar *to cover (< sábana)*

masticar *to chew*

se me deslizó *slipped out of my...*

Muy tempranito por la mañana al día siguiente, el señor Sullivan nos enseñó donde estaba su cosecha y, después del desayuno, Papá, Roberto y yo nos fuimos a la viña a pizcar.

A eso de las nueve, la temperatura había subido hasta cerca de cien grados. Yo estaba empapado de sudor y mi boca estaba tan seca que parecía como si hubiera estado masticando un pañuelo. Fui al final del surco, cogí la jarra de agua que habíamos llevado y comencé a beber. "No tomes mucho; te vas a enfermar," me gritó Roberto. No había acabado de advertirme cuando sentí un gran dolor de estómago. Me caí de rodillas y la jarra se me deslizó de las manos. Solamente podía oír el zumbido de los insectos. Poco a poco, me empecé a recuperar. Me eché agua en la cara y en el cuello y miré el lodo negro correr por los brazos y caer a la tierra que parecía hervir.

Todavía me sentía mareado a la hora del almuerzo. Eran las dos de la tarde y nos sentamos bajo un árbol grande de nueces que estaba al lado del camino. Papá apuntó el número de cajas que habíamos pizcado. Roberto trazaba diseños en la tierra con un palito. De pronto vi palidecer a Papá que miraba hacia el camino. "Allá viene el camión de la escuela," susurró alarmado. Instintivamente, Roberto y yo corrimos a escondernos entre las viñas. El camión amarillo se paró frente a la casa del señor Sullivan. Dos niños muy limpiecitos y bien vestidos se apearon. Llevaban libros. Cruzaron la calle y el camión se alejó. Roberto y yo salimos de nuestro escondite y regresamos a donde estaba Papá. "Tienen que tener cuidado," nos advirtió.

Después del almuerzo volvimos a trabajar. El calor oliente y pesado, el zumbido de los insectos, el sudor y el polvo hicieron que la tarde pareciera una eternidad. Al fin las montañas que rodeaban el valle se tragaron al sol. Una hora después estaba demasiado obscuro para seguir trabajando. Las parras tapaban las uvas y era muy difícil ver los racimos. "Vámonos," dijo Papá señalándonos que era hora de irnos. Entonces tomó un lapiz y comenzó a figurar cuánto habíamos ganado ese primer día. Apuntó números, borró algunos, escribió más. Alzó la cabeza sin decir nada. Sus tristes ojos sumidos estaban humedecidos.

Cuando regresamos del trabajo, nos bañamos afuera con el agua fría bajo una manguera. Luego nos sentamos a la mesa hecha de cajones de madera y comimos con hambre la sopa de fideos, las papas y tortillas de harina blanca recién hechas. Después de cenar nos acostamos a dormir, listos para empezar a trabajar a la salida del sol.

Al día siguiente, cuando me desperté, me sentía magullado, me dolía todo el cuerpo. Apenas podía mover los brazos y las piernas. Todas las mañanas, cuando me levantaba, me pasaba lo mismo hasta que mis músculos se acostumbraron a ese trabajo.

Era lunes, la primera semana de noviembre. La temporada de uvas se había terminado y ya podía ir a la escuela. Me desperté temprano esa mañana y me quedé acostado mirando las estrellas y saboreando el pensamiento de no ir a trabajar y de empezar el sexto grado por primera vez ese año. Como no podía dormir, decidí levantarme y desayunar con Papá y Roberto. Me senté cabizbajo frente a mi hermano. No quería mirarlo porque sabía que él estaba triste. El no asistiría a la escuela hoy, ni mañana, ni la próxima semana. No iría hasta que se acabara la temporada de algodón, y eso sería en febrero. Me froté las manos y miré la piel seca y manchada de ácido enrollarse y caer al suelo.

Cuando Papá y Roberto se fueron a trabajar, sentí un gran alivio. Fui a la cima

mareado *dizzy*
camión *bus (Mex.)*
tragar *to swallow*
manguera *watering hose*
magullado *bruised*
cabizbajo *head down*
frotarse *to rub, wash*
pendiente *hill, cliff*

de una cerca de la choza y contemplé a la "Carcanchita" en su camino hasta que desapareció en una nube de polvo.

Dos horas más tarde, a eso de las ocho, esperaba el camión de la escuela. Por fin llegó. Subí y me senté en un asiento desocupado. Todos los niños se entretenían hablando o gritando.

Estaba nerviosísimo cuando el camión se paró delante de la escuela. Miré por la ventana y vi una muchedumbre de niños. Algunos llevaban libros, otros juguetes. Me bajé del camión, metí las manos en los bolsillos, y fui a la oficina del director. Cuando entré oí la voz de una mujer diciéndome: "May I help you?" Me sobresalté. Nadie me había hablado inglés desde hacía meses. Por varios segundos me quedé sin poder contestar. Al fin, después de mucho esfuerzo, conseguí decirle en inglés que me quería matricular en el sexto grado. La señora entonces me hizo una serie de preguntas que me parecieron impertinentes. Luego me llevó a la sala de clase.

El señor Lema, el maestro de sexto grado, me saludó cordialmente, me asignó un pupitre, y me presentó a la clase. Estaba tan nervioso y tan asustado en ese momento cuando todos me miraban que deseé estar con Papá y Roberto pizcando algodón. Después de pasar lista, el señor Lema le dio a la clase la asignatura de la primera hora. "Lo primero que haremos esta mañana es terminar de leer el cuento que comenzamos ayer," dijo con entusiasmo. Se acercó a mí, me dio su libro y me pidió que leyera. "Estamos en la página 125," me dijo. Cuando lo oí, sentí que toda la sangre me subía a la cabeza; me sentí mareado. "¿Quisieras leer?" me preguntó en un tono indeciso. Abrí el libro a la página 125. Mi boca estaba seca. Los ojos se me comenzaron a aguar. No pude empezar. El señor Lema entonces le pidió a otro niño que leyera.

Durante el resto de la hora me empecé a enojar más y más conmigo mismo. Debí haber leído, pensaba yo.

Durante el recreo me llevé el libro al baño y lo abrí a la página 125. Empecé a leer en voz baja, pretendiendo que estaba en clase. Había muchas palabras que no sabía. Cerré el libro y volví a la sala de clase.

El señor Lema estaba sentado en su escritorio. Cuando entré me miró sonriéndose. Me sentí mucho mejor. Me acerqué a él y le pregunté si me podía ayudar con las palabras desconocidas. "Con mucho gusto," me contestó.

El resto del mes pasé mis horas del almuerzo estudiando ese inglés con la ayuda del buen señor Lema.

Un viernes durante la hora del almuerzo, el señor Lema me invitó a que lo acompañara a la sala de música. "¿Te gusta la música?" me preguntó. "Sí, muchísimo," le contesté entusiasmado, "me gustan los corridos mexicanos." El cogió una trompeta, la tocó un poco y luego me la entregó. El sonido me hizo estremecer. Me encantaba ese

sobresaltarse *to be startled*
matricular *to enroll*
pupitre *school desk*
pasar lista *to read the roll*
estremecer *to shake*
brincar *to jump*

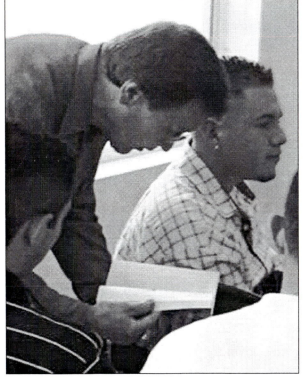

Franciso Jiménez es profesor de español en Santa Clara College, California.

sonido. "¿Te gustaría aprender a tocar este instrumento?" me preguntó. Debió haber comprendido la expresión en mi cara porque antes que yo le respondiera, añadió: "Te voy a enseñar a tocar esta trompeta durante las horas del almuerzo."

Ese día casi no podía esperar el momento de llegar a casa y contarles las nuevas a mi familia. Al bajar del camión me encontré con mis hermanitos que gritaban y brincaban de alegría. Pensé que era porque yo había llegado, pero al abrir la puerta de la chocita, vi que todo estaba empacado en cajas de cartón...

• •

Comentario y discusión

1. El narrador del cuento es un niño, Panchito. ¿Cuál es la información básica de su vida que nos ofrece?

2. Dentro de la simple estructura del cuento hay emociones expresadas mediante las siguientes frases. ¿Cuáles son las emociones que evocan? Describa cada una y explique por qué es evocada. (Ejemplos de varias emociones: tristeza, alegría, miedo, envidia, cariño, odio, etc.)

   a. el carro "Carcanchita"

   b. la olla de Mamá

   c. la chocita de la familia

   d. la casa del señor Sullivan

   e. el camión amarillo

   f. el señor Lema

3. Escriba un párrafo en el que resume lo que el cuento nos dice de la vida de los braceros. Aunque es ficción, el cuento está basado en la realidad de esa vida. En su opinión, ¿por qué nos puede conmover e informar más un cuento ficticio que un ensayo sociológico? Como lector o lectora, ¿cuáles fueron sus emociones al concluir el cuento: tristeza, desilusión, esperanza? Explique su reacción.

SELECCIÓN 2: *"Supermán es ilegal"* (corrido chicano)

Los corridos anteriores que hemos incluido son de épocas pasadas ("La llorona", "Adelita"). El que sigue es la única muestra que incluimos de otro género: el corrido chicano, nacido al norte de la frontera.

. . . .

Supermán es ilegal (Jorge Lerma)

(Hablado)
¡Es un pájaro!
¡Es un avión!
No, hombre, ¡es un mojado!

(Cantado)
Llegó del cielo y no es un avión.
Venía en su nave, desde Criptón,
y por lo visto, ni es un americano
sino otro igual como yo, indocumentado.

Así es que, Migra, él no debe de trabajar
porque aunque duela, Supermán es ilegal.
Es periodista, también yo soy
y no fue el Army, a que camión.

Y aquél es güero, ojos azules, bien formado
y yo prietito, gordiflón y muy chaparro.
pero yo al menos en mi patria ya marché
con el coyote que pagué cuando crucé.

No cumplió con el servicio militar,
no paga impuestos y le hace al judicial,
no tiene mica ni permiso pa' volar,
y les apuesto que ni seguro social.

Hay que echar a Supermán de esta región
y si se puede, regresarlo pa' Criptón.
¿Dónde está esa autoridad de emigración?
¿Qué hay de nuevo, Don Racismo, en la nación?

De que yo sepa no lo multan por volar
sino al contrario, lo declaran Supermán.

No cumplió con el servicio militar,
no paga impuestos y le hace al judicial,
no tiene mica ni permiso pa' volar,
y les apuesto que ni seguro social.

Hay que echar a Supermán de esta región
y si se puede, regresarlo pa' Criptón.
¿Dónde está esa autoridad de emigración?
¿Qué hay de nuevo, Don Racismo, en la nación?

. . . .

Comentario y discusión

1. Este corrido es obviamente una sátira basada en la leyenda de Supermán, la figura mítica originalmente de los cómics y después del cine. ¿Cuáles son los detalles basados en la leyenda original?
2. Aparte del humor, ¿qué hay de serio en este corrido?

un mojado *an undocumented person*

Criptón *imaginary planet, Superman's origin*

Migra *immigration authorities*

güero *a blondie*

prietito *dark, colored*

gordiflón *fatty*

chaparro *shorty*

coyote *name given to those who charge for carrying illegals across border*

mica *green card (permit to work)*

pa' = para

multar *to fine, penalize*

apostar *to bet, wager*

NOTAS DE LENGUA

El cambio de código (*code-switching*)

El "cambio de código" es un fenómeno por el que un hablante de dos lenguas (es decir, dos códigos lingüísticos) pasa de una lengua a la otra. Típicamente ocurre cuando un bilingüe está comunicando con otra persona que comparte los mismos códigos. Los cambios suelen ser inconscientes y espontáneos, y los usuarios no tienen que poseer la misma facilidad con los dos idiomas.

En los casos más sencillos, un hablante puede cambiar de la lengua matriz (*matrix language*) al idioma encrustado (*embedded language*) si desconoce un término específico en la matriz. Pero los casos más interesantes son aquéllos en que los hablantes usan su conocimiento de dos códigos como seña de identidad o para expresar las relaciones de poder interpersonal. El interlocutor conoce los mismos códigos que el hablante, pero los dos cambian de lengua porque pueden, como señal de su solidaridad con una comunidad bilingüe.

Los estudios del fenómeno de *code switching* revelan que los cambios no son arbitarios. Al contrario, siguen pautas (*patterns*) generales:

Tipo de cambio de código	Ejemplo bilingüe	Equivalente monolingüe
Intersentencial: un cambio de lengua entre frases. Sirve para enfatizar una idea, para indicar un cambio de los participantes en la conversación o para una cita directa de otra conversación.	Y luego me dijo, **"don't worry about it."** (cita textual de otro hablante)	*And then he told me, **"don't worry about it."***
	Le dije que no quería comprar el carro. **He got really mad.** (información en español, comentario/reacción en inglés)	*I told him I didn't want to buy the car.* ***He got really mad.***
Intrasentencial: un cambio dentro de la frase, al nivel de la cláusula o palabra; el hablante no adapta la expresión a la fonética o morfología de la matriz.	Abelardo tiene los **movie tickets.**	*Abelardo has the **movie tickets.***

Relacionado con el tema de *code switching*, pero distinto, es el fenómeno del *spanglish*, que según algunos es una síntesis o creación lingüística original, no el resultado de un simple cambio de código. (Véase el ensayo de Ilan Stavans en el capítulo 8.) La diferencia radica en que el hablante bilingüe puede cambiar de código, pero el hablante de spanglish posiblemente no maneje los dos códigos. Si el spanglish es una nueva lengua, puede haber hablantes monolingües.

¿SABÍA USTED QUE...?

1. La salsa de chile ha pasado el *ketchup* en términos de consumo y popularidad.

2. La migración de gente del norte al sur, y del sur al norte, es fenómeno desde la época de los aztecas.

3. El burrito como el taco ya son consideradas típicas comidas norteamericanas.

4. Los Ángeles hasta hace poco era la segunda ciudad con más población mexicana.

5. Existe una relación íntima entre la música norteña y la música 'country'.

6. El consumo de chile en Estados Unidos (fresco, en salsa o en polvo) ha subido a más de 300 millones de toneladas al año.

7. El spanglish ya no tiene connotaciones tan negativas como antes por su amplio uso y popularización.

8. Cada vez más expresiones del español se están incorporando al inglés como nunca: mano a mano, número uno, quinceañera, horchata, pico de gallo, nachos, etc.

EN RESUMEN

Escriba su opinión: la solución de lo que se considera el problema de la migración hispana a los EE.UU.

El Teatro Campesino, creado por Luis Valdez, fue una compañía experimental que logró renombre como teatro chicano en los años 60 y 70, y sigue todavía en el pueblo de San Juan Bautista en California. Su enfoque ha sido el humor, la crítica social y la conciencia política con el fin de hacer a su público partícipe activo de la historia. Le ha interesado crear personajes típicos a la vez que examina problemas sociales, mitos y leyendas.

OCTAVO
CAPÍTULO

LA CULTURA LATINA
EN LOS ESTADOS UNIDOS

AGENDA: TEMAS IMPORTANTES

1. ¿Cómo han contribuido los hispanos a los EE.UU.?

2. ¿Cuál es la diferencia entre mantener la propia cultura y la asimilación a la mayoría?

3. Según los indicios hasta ahora, ¿cuál es la probable dirección que va a tomar la población hispana de los EE.UU.?

4. A principios del siglo XX, vinieron las grandes olas de inmigración de Europa, que en general se asimilaron a la cultura anglosajona. ¿En qué se diferencia la experiencia de los hispanos en EE.UU.?

ORIENTACIÓN CRONOLÓGICA

1542   Alvar Núñez Cabeza de Vaca, su testimonio "Los naufragios"

1598   Expedición de Juan de Oñate a Nuevo México con fines de colonizar; se representa el primer drama en la región llamado "Los moros y cristianos"

1610   Aparición del primer poema épico de Norteamérica, "Historia de la Nueva México" de Gaspar Pérez de Villagrá

1680   Rebelión Pueblo en Nuevo México en que expulsan a los españoles de la región hasta El Paso; esperan allí para volver como parte de la reconquista, dirigida por Don Diego de Vargas, quien trajo una caravana desde la Ciudad de México en 1693

1776   Representación del drama "Los comanches" que marca una lucha bélica entre españoles e indígenas en Nuevo México

1848   El Tratado de Guadalupe Hidalgo se firma para luego transferir la mitad de México a los EE.UU., creando lo que llega a conocerse como el "Sudoeste"

1853   Rollin Ridge publica "Las aventuras del bandido californiano, Joaquín Murrieta"

1895   Muere José Martí en la lucha contra los españoles

1898   La Guerra Española-Norteamericana en que Cuba logra su independencia de España y Puerto Rico se convierte en colonia de EE.UU.

1924   Se aprueba una ley de cuotas para controlar la inmigración

1935   Miguel de Otero, gobernador de Nuevo México, escribe "Las memorias de Miguel Antonio Otero"

1942   Se funda el Programa Bracero donde se contratan migrantes legales por temporadas para ayudar con la escasez de trabajadores norteamericanos en el sector agrícola, el ferrocarril y otros; se concluye en 1964

1942-1943   El Motín de Pachucos, llamados Zoot Suiters, por Los Angeles donde los marinos y otros militares atacaron a jóvenes vestidos con sus trajes elegantes y distintivos

1965   Se funda el Teatro Campesino, marcando el comienzo del Movimiento Chicano a la par de la lucha por los derechos laborales dirigida por César Chávez

1967   Sale el primer número de la influyente revista "El Grito," revista de ciencias sociales méxico-americana

1971   Aparecen la novela *"...y no se lo tragó la tierra"* de Tomás Rivera, la colección de dramas cortos intitulada *Actos by el Teatro Campesino* de Luis Valdez y el libro de poesía de Alurista llamado *Floricanto en Aztlán*

1972   Publicación de *Bless me, Última* de Rudolfo A. Anaya

1976   Poesía de Gary Soto, *Elements of San Joaquín*

1978 Drama de *Zoot Suit* de Luis Valdez, seguido por la película en 1980

1980 Surge la llamada Generación "Ñ" de destacados latinos bilingües y biculturales en EE.UU., por ejemplo, Edward James Olmos, Andy García, Gloria Estefan, Raúl Julia, etc.

1985 Surge la llamada Generación de Chicanas, incluyendo a Sandra Cisneros, Pat Mora, Cecile Pineda, Ana Castillo, Helena María Viramontes, Gloria Anzaldúa y otras.

2001 Richardson es elegido gobernador de Nuevo México; Charles Rangel es elegido representante de Nueva York.

2005 Antonio Villaraigosa es elegido alcalde de Los Angeles como el primer latino en unos 150 años

César Chávez con un grupo de obreros agrícolas

INTRODUCCIÓN

La historia de la cultura española en el Sudoeste empieza con el diario del español Nuñez Cabeza de Vaca en 1542. Cuando el explorador regresó a la Ciudad de México con historias exageradas de vastos tesoros de oro y joyas preciosas (las famosas y quiméricas Siete Ciudades de Cíbola), el Virrey Mendoza mandó una expedición al norte en busca de toda esa riqueza. Aunque no la encontraron, sí pudieron explorar el vasto territorio en nombre de la corona de España. Mientras tanto, Juan Rodríguez Cabrillo seguía explorando la costa occidental de México (Nueva España) desde la Bahía de San Diego hasta lo que es hoy Monterey, California.

Todos los territorios estaban ocupados de indígenas que resistieron a los españoles quienes trataron de convertirlos al cristianismo. El siglo XVIII fue la época de las misiones empezando en el sur de California (San Diego de Alcalá), extendiéndose hasta Sonoma en el Norte. En 1821 México se independizó pero resultó incapaz de mantener todo el vasto territorio en el norte ya amenazado por el expansionismo norteamericano. En 1846 los Estados Unidos iniciaron una guerra con México. Dos años más tarde México había sufrido una derrota y tuvo que aceptar el Tratado de Guadalupe Hidalgo (1848), según el cual el Río Grande (Bravo) fue declarado la frontera entre los dos países. A cambio de 15 millones de dólares, México entregó lo que son hoy los estados de Arizona, California, Nuevo México, Texas, Utah, Nevada y partes de Colorado. Cuatro años más tarde, México tuvo que vender el resto de Nuevo México y el sur de Arizona. México había perdido la mitad de su territorio y los Estados Unidos había ganado lo que es hoy el Sudoeste. La literatura méxico-americana refleja esta historia. Surgieron leyendas épicas basadas en las figuras que resistieron el maltrato que recibieron los mexicanos en sus propias tierras, que ya pertenecían a los nuevos dueños, los norteamericanos.

"Chicano/a" en su acepción moderna se ha convertido en la palabra emblemática del movimiento méxico-americano en los Estados Unidos. Tuvo su origen después de la Segunda Guerra Mundial y coincidente con otras expresiones de descontento en el país: la lucha por los derechos civiles de los negros, el movimiento en oposición a la guerra de Vietnam, y contra la explotación de los campesinos en las tierras vinícolas de California. El reconocido líder de esta lucha fue César Chávez, el cual utilizó la huelga, un arma identificada con los sindicatos obreros, contra los grandes terratenientes en California. Organizó también el boicoteo de uvas y otros productos de los campos basándose en la simpatía del pueblo por su causa.

En las universidades durante el mismo período estaba ocurriendo una lucha por establecer los estudios chicanos. Hasta entonces no existía tal enfoque académico sino como otra parte de los Departamentos de Español o de las Ciencias Sociales (ciencia política, sociología). Fue necesario llamar la atención a los profesores, los estudiantes y al público sobre la importancia de tales centros de estudios en la vida académica. Sólo así se podía desarrollar el estudio de la cultura chicana: su historia, su literatura, su idioma, así como justificar los recursos (presupuestos, bibliotecas) necesarios para tal encuesta. Y eso en efecto fue lo que ocurrió, sobre todo en las regiones del país con una base latina en la población. Los estudiantes que hoy se aprovechan de tales centros a veces

quimérico *imaginary, legendary*

Cíbola *seven imaginary cities the conquistadors searchef for in northern Mexico*

expansionismo *political doctrine based on the expansion of the country*

épico *referring to a long narrative poem that relates the deeds of a hero*

emblemático *representative*

vinícola *related to the wine industry*

huelga *strike*

sindicato obrero *workers' union*

no se dan cuenta que éstos no existían hasta recientemente.

En los últimos años, los Estados Unidos han experimentado una fuerte tendencia conservadora manifestándose en varias formas. Entre éstas se ha cuestionado la "Acción Afirmativa", un programa que ha ayudado a muchos jóvenes de color—hombres y mujeres—que ha podido matricularse en las universidades, y que ha servido también como una base para los estudios étnicos. Sobre todo, la realidad de un enorme incremento en la población latina ha hecho que se preste más atención a su importancia para todos los partidos y para la sociedad entera.

CONCEPTOS CLAVE

hispano   Palabra genérica que abarca a todos los hispanohablantes de cualquier origen (Cuba, Puerto Rico, México, etc.)

latino   Usado generalmente para denominar gente de origen latinoamericano en los EE.UU.

chicano   Generalmente sinónimo con "latino" pero con un sentido más político, activista. Tiene su origen en la pronunciación indígena de "mexicano".

pocho   Palabra despectiva, referente al español hablado en la frontera con los EE.UU., y personas que han perdido parte de su cultura mexicana.

español   De uso general para indicar el idioma o un/a ciudadano/a de España.

castellano   Usado como sinónimo de "español", se refiere al idioma peninsular (España).

boricua   Se refiere a los puertorriqueños (de origen en la isla)

sefardí   Judío que mantenía su antiguo español en todas las tierras donde emigraron después de ser expulsados de España en 1492. Existen también en algunas ciudades de los EE.UU.

GUIÓN - *El espejo enterrado*

Pero a partir de entonces, año tras año, la cultura de la América española se ha manifestado cada vez más poderosamente en los Estados Unidos. Pero la cultura hispánica crece sin tregua: desde California a Texas y la Florida de Miami a Nueva York y luego otra vez al oeste y Chicago. Es la minoría que más rápidamente crece en los EE.UU.: 25 millones de hispánicos, la mayor parte de origen mexicano, pero también puertorriqueños, cubanos, centro y suramericanos.

Los Ángeles ya es la segunda ciudad hispanoparlante del mundo después de México y antes de Madrid y Barcelona. A mediados del siglo XXI, la mitad de la población de los Estados Unidos hablará español.

No sólo inmigrantes sino chicanos, puertorriqueños, cubanos, en busca del oro gringo, pero trayendo el oro latino. Un oro que se niega a derretirse en el mito del crisol norteamericano.

La presencia hispánica no es sólo un acontecimiento económico o político. Es sobre todo un acontecimiento cultural. Aquí en Los Ángeles, el arte de los chicanos contribuye a la diversidad cultural del mundo moderno, como en la obra de Gilberto Luján.

El chicano le da un tono único a la cultura norteamericana; informal y dinámico, tenso pero celebratorio. Este flujo intenso les obliga a todos recién venidos pero también antiguos hispánicos a preguntarse: ¿Qué aportamos? ¿Qué quisiéramos retener?

¿Qué le ofrecemos a los Estados Unidos? Cuando se les pregunta, responden: "Quisiéramos retener la lengua, la lengua española." Pero otros les dicen: "Olvida la lengua, intégrate cuanto antes en la lengua inglesa dominante." Mientras que otros alegan: "Usa el español sólo para aprender el inglés y asimilarte a la mayoría." Y otros cada vez más comprenden que hablar más de una lengua no le hace daño a nadie.

El hispánico porta otras ofrendas. La religión, por ejemplo. Y no sólo el catolicismo sino un hondo sentido de lo sagrado, un reconocimiento de la sacralidad del mundo, que el mundo es sensual, táctil. Y el cuidado y el respeto hacia los viejos, respeto de la experiencia y de la continuidad de la vida.

En una cultura de tradición oral como la nuestra el anciano y además el que recuerda las historias, el que tiene la memoria, es algo sumamente valioso. Casi podríamos decir que cada vez que muere un hombre viejo o una mujer vieja, toda una biblioteca muere con ellos.

Y finalmente la familia, la familia como compromiso, la lucha por mantener unida a la familia, la familia como el calor y como el pequeño microcosmos político, el parlamento, el partido político real, donde las cosas se conocen y se debaten a fondo, y la familia como la red de seguridad en tiempos difíciles. ¿Y cuándo no son difíciles los tiempos?
Iberoamérica: una canción romántica y triste y también un corrido portador de noticias, amores pasionales, revoluciones. El corrido es casi el periódico del pueblo, el libro de historia más abierto y transmisible. Es la manera de saber que:

"El año de 1900
muy presente tengo yo
en un barrio de Santillo
Rosita Albires murió," o:

"El 22 de febrero
fecha de negros pesares
mandó Huerta asesinar
a Madero y Pino Suárez."

Es la información, es también un recorrido, sin embargo una búsqueda de las raíces, una metamorfosis, de viejas canciones, de viejos recuerdos, el grito del minarete, el mohecín árabe se transforma en el falsetto de una canción mexicana "Tú, sólo tú," o el murmullo desde el barco cargado de esclavos de África se transforma en la canción, en el son afrocubano: "babalú, babalú aye…"

Y este rumor, este ritmo de Iberoamérica se une al de las otras culturas de los Estados Unidos de Norteamérica adquiriendo acentos—acentos nuevos y de esta manera ha sido creada una nueva cultura que le da vida y pálpito al mensaje hispánico. Muchas formas, no una sola. Muchos tiempos, no uno solo. Muchas historias, no una sola.

Un mundo multirracial. Un mundo policultural. Como una Bizancio contemporánea, la ciudad de Los Ángeles recibe todos los días, gústele o no, las lenguas, las cocinas, las costumbres, no sólo de los hispanoamericanos, sino de los coreanos, los vietnamitas, los chinos, los japoneses. Tal es el precio de la interdependencia global y de las comunicaciones instantáneas. Y súbitamente, el dilema cultural del ciudadano norteamericano de origen mexicano, cubano o puertorriqueño se universaliza: ¿Integrarse o no? ¿Mantener la personalidad propia y enriquecer la diversidad de la sociedad norteamericana o disolverse en la anonimldad del crisol? Derretirse o no derretirse.

Bueno, quizá la cuestión nuevamente es ¿ser o no ser? ¿Ser con otros o no ser, solitariamente? El aislamiento es la muerte. El encuentro es la vida. A veces es el renacimiento. La biblioteca regional de San Juan Capistrano es un ejemplo llamativo del encuentro de culturas. El muro español concebido para proteger los espacios privados y sacralizar los espacios públicos adquiere una dinámica angloamericana y un sentido de accidente y circulación gracias al arquitecto Michael Graves en tanto que el murmullo del agua añade el toque sensual de la Alhambra. Una cultura refuerza a las demás.

Una pregunta entonces: ¿La diversidad cultural debilita realmente a los Estados Unidos, o constituye más bien una fuente de fortaleza y de sabiduría para la sociedad norteamericana? Y sobre todo en todo caso ¿por qué no ha de coexistir la pluralidad cultural con justicia creciente, con equidad creciente para el otro? Porque California, la ciudad de Los Ángeles, plantean el problema universal del siglo XX: ¿Cómo tratar al otro, cómo tratar con él o ella, que no son como tú o yo?

El espejo de la diversidad cultural ha estado enterrado por demasiado tiempo y sin embargo siempre ha reflejado, la verdad de que todas las naciones, todas la razas pueden comprenderse, pueden comunicarse a través del lenguaje universal de la imaginación, como estos niños en la biblioteca regional aquí en San Juan Capistrano.

DESPUÉS DE VER

1. ¿Cuáles son las diferentes regiones y países de donde vienen los hispanos de los EE.UU.?
2. ¿Cuáles son las principales ciudades con población hispana en los EE.UU.?
3. ¿Qué han aportado los hispanos específicamente a la cultura norteamericana que no existía antes o era débil?
4. ¿Cuáles son las diferentes actitudes en los EE.UU. hacia el bilingüismo?
5. Fuentes comenta que "el aislamiento es la muerte." ¿Qué significa este comento dentro del contexto de su narración? ¿Está usted de acuerdo?

GRAMÁTICA Y ORTOGRAFÍA: *Self-test*

A. Test yourself on the key points of accentuation and grammar covered in the previous grammar sections by translating the following sentences. The correct translation can be found on the page preceding the End Vocabulary. The number of each sentence also refers to the chapter in which explanations are given. If your translation is incorrect for reasons of grammar or accentuation, try referring to those grammar sections for help. If you believe your own translation is correct (alternate ways of saying the same idea are often perfectly acceptable) check with your instructor.

1. a) The Prince, who had never had a previous love affair, fell in love with Oyamel as soon as he encountered her in the field.

   b) The Portuguese established themselves in Brazil.

2. a) The Spaniards, although camped not very far away, never discovered Machu Picchu which was situated in a hidden Andean valley.

   b) Sor Juana began to read the books which her grandfather had in his Library.

3. a) The Spanish forces stationed in the Chilean town of Chacabuco were completely surprised by the sudden arrival of General José de San Martín and his army, who had crossed the enormous heights of the Andean range to attack them.

   b) For Cubans José Martí has been a national hero.

4. a) Carmen's father didn't like the young man at all, but his daughter found many qualities in him which she liked a lot.

   b) Juárez was not interested in increasing the power of the Church.

5. a) "Blessed be God that you have returned," Demetrio's wife exclaimed. "Don't go away again!"

   b) There was no way that Maximilian could defeat Juárez and his army.

6. a) The peasants didn't believe that Zapata had been killed.

   b) Rivera refused to paint scenes which only pleased the richest collectors.

7. a) "Come with me, compañeros, before the Federales arrive," Demetrio said, although he secretly doubted that they would be able to escape from the enemy's trap.

   b) My father became very excited. "Put on your jacket and go out and look at the car."

B. Insert written accents when required in the following words:

el azucar	epico	las religiones
el examen	el platano	la religion
los examenes	liberal	el ingles
el arabe	la iglesia	¡Vaya con el¡
ultimo	huyo	Mexico

LITERATURA

SELECCIÓN 1: *La casa en Mango Street*

Sobre la autora

SANDRA CISNEROS nació en Chicago en 1954. Su padre era de México y su madre, también mexicana pero de una familia con raíces en los Estados Unidos por varias generaciones. La lengua de la casa era español, pero fuera Sandra y sus hermanos hablaban inglés, una acomodación lingüística que correspondía a la realidad bi-cultural que vivían. Es un arreglo que sigue con los inmigrantes más recientes. Su lengua dominante y en que escriben es el inglés, aunque también aparecen en traducción al español. Lo mismo se nota en otros renombrados autores chicanos como Rudolfo Anaya, Ron Arias, Ana Castillo y Gary Soto.

Y así es que la selección incluida aquí de *La Casa en Mango Street* es de la traducción al castellano de la autora mexicana Elena Poniatowska, a quien Cisneros ofrece su agradecimiento al principio de la novela con estas palabras: "¿Qué otra prestigiosa escritora ofrecería su más preciosa posesión—su tiempo— para ayudar a otra escritora? Por su continuo amor, solidaridad y apoyo hacia mí y otros escritores chicanos, le quedo eternamente agradecida..."

Sobre la obra

La Casa en Mango Street lanzó la carrera de Cisneros. El libro, elogiado por los críticos, le ganó el premio en 1985 de la Fundación Before Columbus. En los años siguientes, una serie de poesías y otras novelas la han establecido en la primera fila de escritores chicanos. Su dedicación a las mujeres hispanas es notable en todas sus obras, como ilustran las tres palabras de dedicatoria que vemos al empezar esta novela "A Las Mujeres."

El libro está dividido en capítulos breves con títulos descriptivos. Son relatos con claros indicios autobiográficos de la vida en un barrio latino, en este caso el de Chicago. La narradora es una adolescente, Esperanza, y cada capítulo es una pequeña aventura compartida con sus hermanos, los vecinos y los primos y amigos de éstos, los que pueblan los pisos, sótanos y casas del barrio. Pero son las niñas—y más tarde las mujeres, la voz femenina— las que dominan.

Este texto corresponde al capítulo 10, breve pero asombroso con sus imágenes gráficas. Louie, el mayor de una familia puertorriqueña, es amigo de su hermano, pero la voz es siempre la de Esperanza rodeada de un mar de jóvenes. El tono bien podía ser mucho más serio, dado lo que ocurre, y algo que se puede leer diariamente en el periódico, pero el humor domina.

sótano *basement*

camiseta *undershirt*

maquillaje *make-up, cosmetics*

tronar los dedos *to tap one's fingers*

mascada *scarf*

amarrar *to tie*

trasera *rear*

piel *cover*

despegar *to take off*

patrulla *patrol car*

magullado *bruised (here: "beat-up")*

esposas *handcuffs*

La casa en Mango Street   (Sandra Cisneros)

Louie, su prima y su primo [pp. 23-5]

Bajo la casa de Meme hay un sótano que su mamá arregló y rentó a una familia puertorriqueña. La familia de Louie. Louie es el mayor de una familia de hermanitas. En realidad es el amigo de mi hermano, pero yo sé que tiene dos primos y que sus camisetas nunca se quedan metidas dentro de sus pantalones.

La prima de Louie es mayor que nosotros. Vive con la familia de Louie porque su propia familia está en Puerto Rico. Se llama Marín o María o algo así, y lleva medias oscuras todo el tiempo y montón de maquillaje que le dan gratis porque vende Avon. No puede salir—la hace de nana de las hermanitas de Louie—pero se queda en la puerta mucho rato, canta y canta la misma canción tronando los dedos:

*Apples, peaches, pumpkin, pa-ay
You're in love and so am ah-ay.*

Louie tiene otro primo. Lo vimos sólo una vez, pero valió la pena. Estábamos jugando *volleyball* en el callejón cuando él llegó en un enorme Cadillac amarillo con llantas de cara blanca y una máscara amarilla amarrada al espejo. El primo de Louie traía el brazo afuera de la ventanilla. Pitó un par de veces y un montón de caras miraron desde la ventana trasera de la casa de Louie y luego un montón de gente salió—Louie , Marín y todas las hermanitas.

Todo mundo miró al interior del auto y preguntó de dónde lo había sacado. Tenía alfombras blancas y asientos de piel blanca. Pedimos una vueltecita y

preguntamos dónde lo consiguió. El primo de Louie dijo: súbanse.

Cada uno tuvimos que sentarnos con una hermanita de Louie en las piernas, pero no nos importó. Los asientos eran grandes y suavecitos como un sofá, y en el cristal de atrás había un gatito blanco que encendía los ojos cuando el auto se detenía o daba vuelta. Los cristales de las ventanillas no se levantaban como en los autos ordinarios, sino que había un botón que lo hacía por ti automáticamente. Recorrimos el callejón y todo alrededor de la cuadra seis veces, pero el primo de Louie dijo que nos iba a regresar a pie si no dejábamos de jugar con las ventanillas y de apretar los botones del radio FM.

A la séptima vez que entramos en el callejón oímos unas sirenas...muy quedito al principio, pero después más fuerte. El primo de Louie paró el auto allí mismo donde estabamos y dijo: afuera todos. Entonces despegó, convirtiendo aquel auto en un borrón amarillo. Nosotros casi no tuvimos tiempo ni de pensar cuando la patrulla entró en el callejón igual de rápido. Vimos el Cadillac amarillo al final de la cuadra tratando de voltear a la izquierda, pero nuestro callejón es demasiado estrecho y el auto se estrelló contra un poste de la luz.

Marín gritó y corrimos a la esquina donde la sirena de la patrulla hacía girar un mareo azul. La trompa de aquel Cadillac amarillo estaba toda corrugada como la de un cocodrilo, y salvo por un labio sangrante y la frente magullada, el primo de Louie estaba *okay*. Le pusieron esposas y lo metieron en el asiento trasero de la patrulla, y todos levantamos las manos para despedirlo cuando se lo llevaron.

Comentario y discusión

1. ¿Qué detalles nos hacen sonreír?
2. ¿Cómo es el primo de Louie? ¿Qué nos indica que no es mala persona?
3. ¿Qué representa el Cadillac amarillo en el incidente?
4. ¿Cuál es la actitud de la narradora acerca de los acontecimientos?
5. ¿Cómo describe las relaciones entre los personajes?

SELECCIÓN 2: *Poema de Puerto Rico*

Contexto cultural: La cultura hispánica del Caribe

La cultura hispánica en este hemisferio se remonta a tiempos de Colón, cuando las primeras colonias de España fueron establecidas en el Caribe. Era una cultura importada por los españoles mezclada con clara influencia indígena y africana, ésta en parte debida al empleo de esclavos de Africa y, más tarde, por la huida de esclavos negros de los Estados Unidos. Estas influencias son notables en todas las islas hispánicas del Caribe, principalmente en Cuba y Puerto Rico.

Tratar estas culturas con una semblanza del respeto que merecen—su música, su teatro, su literatura—sería materia para otro texto. En el caso de Cuba, mínimamente, los estudiantes deben familiarizarse con Nicolás Guillén (1902-1989) un gigante de la poesía cubana. Su "Balada de los dos abuelos" es una magnífica expresión de esa mezcla de culturas y razas afro-cubanas.

Puerto Rico, llamado por los indígenas Borinquen, ha cultivado su propia riqueza en todos los ámbitos culturales. De gran interés es el folklore de la isla fruto de cuatro siglos, durante los cuales fue territorio español. Hablar de esa literatura oral es inmediatamente enfocarse en "la décima", una forma poética íntimamente ligada con la vida de los campesinos. La décima sigue la forma histórica de las coplas españolas, como las del gran Lope de Vega y otros poetas españoles del Siglo de Oro. El nombre indica lo que son: estrofas de diez líneas con una rima de ABBAACCDDC o ABBAACCCCB. La décima larga que reproducimos abajo, una de las más citadas, consta de cuatro décimas precedidas por un cuarteto.

Contexto histórico

La Guerra entre España y los EE.UU. (1898) dio a Cuba su independencia, aunque pasaron 35 años antes de que adoptara una constitución que la confirmara. Las otras colonias españolas, las Filipinas, Guam y Puerto Rico, tuvieron otros destinos. Las Islas Filipinas ganaron su independencia en 1935. Guam es todavía una posesión de los EE.UU. Puerto Rico quedó en un estado ambiguo: sin independencia pero tampoco una parte de los EE.UU. En 1917, los puertorriqueños fueron declarados ciudadanos norteamericanos con derechos limitados (no tienen el voto en las elecciones federales). Sin embargo, gozan de ciertos importantes beneficios económicos. No tienen que pagar impuestos y las empresas que se establecen en la isla pueden guardar sus ingresos. El nivel de vida económico es más alto que el de casi cualquier país en Latinoamérica. Pueden recibir un pasaporte que les permite viajar como a todos los ciudadanos.

Sin embargo, todavía faltaban los derechos políticos normales que gozaban los 50 estados en el continente. Apareció un fuerte movimiento para la autonomía, para eliminar los aspectos semi-coloniales que dominaron las relaciones con Washington. Finalmente, el Congreso permitió que los habitantes de la isla pudieran elegir su propio gobernador. Aprobó una forma de autonomía, el llamado Commonwealth of Puerto Rico, que existe hasta hoy en día.

Es notable el número de puertorriqueños que han servido en el ejército de los EE.UU. en las guerras del siglo XX:

Guerra Mundial I	17.855
Guerra Mundial II	65.034
Korea	61.000
Vietnam	47.000

En el siglo XXI, principalmente en el Medio Oriente, el número todavía no se ha declarado, ni de los puertorriqueños ni de los hispanos en general.

Poema de Puerto Rico   (anónimo)

Soy jíbaro borinqueño
nacido en humilde cuna;
mi casa mi dicha encierra,
no envidio suerte ninguna.

Cuando viene la mañana
de los pitirres al canto,
entonces yo me levanto
y voy a abrir la ventana,
andando por la sabana
mato la morra y el sueño;
ufano la vaca ordeño
con deleite fervoroso;
y para vivir dichoso,
soy jíbaro borinqueño.

Después que suelto el becerro
voy con leche a la cocina,
y en lo que están en fajina
llamo silbando a mi perro;
echamos la vaca al cerro
donde encuentro hierba alguna,
ansío con ansia y fortuna
que en casa el plátano sobre;
y no me duele ser pobre
nacido en humilde cuna.

A tomar café me siento
con la canasta a la espalda
para subir a la jalda
donde siembro el bastimento;
mas luego salgo contento
echando la vianda en ella;
mi familia me espera,
con un placer que adivino,
y cuando zumba el molino
mi casa mi dicha encierra.

Luego me voy a tumbar
palma para los lechones
y los dejo en los holcones
allá adentro, en el palmar,
luego me voy a buscar
los bueyes por la laguna,
los enyugo con fortuna,
el sol por las vegas dando;
y cuando me encuentro arando
no envidio suerte ninguna.

jíbaro *peasant (= campesino)*
borinqueño *Puertorrican
 (from* Borinquen,
 indigenous name of island)
cuna *cradle, birthplace*
dicha *happiness*
suerte *luck (here: other's)*
pitirres *small birds*
sabana *savanna, grassland*
morra *sleepiness, fatigue*
ufano *proud*
fajina *chore, work clothes*
canasta *basket*
jalda *side of a mountain
 (= falda; "j" commonly
 used for "f" in rural speech)*
bastimento *supplies*
vianda *foodstuffs, lunch*
zumbar *hum*
tumbar *cut down*
lechones *suckling pigs*
holcones *type of hay*
palmar *grove of palm trees*
bueyes *oxen*
enyugar *yoke*
vegas *meadows*
arar *plough*

Comentario y discusión

1. ¿Cuál es el tema general de esta décima?
2. ¿Qué tono tiene, alegría, tristeza u orgullo?
3. Narrar una serie de quehaceres diarios puede ser pesado o aburrido. ¿Cuáles líneas o palabras indican un sentimiento opuesto?
4. Para sobrevivir, el folclore tiene que expresar algo duradero, importante. ¿Puede usted adivinar por qué ha perdurado esta décima por tanto tiempo?
5. ¿Cuáles de las actividades enumeradas serían raras en la vida moderna de un país industrializado?

NOTAS DE LENGUA

¿Es el spanglish una lengua?

Sobre el autor

ILÁN STAVANS, profesor Lewis-Sebring de cultura latinoamericana e hispana de Amherst College (Massachusetts), es especialista en estudios latinoamericanos y más recientemente sobre los latinos en los EE.UU. Es un compilador destacado igual que un ensayista crítico y escritor. Ha reunido una gran variedad de colecciones sobre escritores latinoamericanos y latinos en EE.UU., desde Julio Cortázar y Octavio Paz hasta Óscar "Zeta" Acosta y otros. Entre sus obras cuentan *The Poetry of Pablo Neruda* (2003), *Octavio Paz: Intellectual in Motion* (2001), and *Bandido: Oscar 'Zeta' Acosta and the Chicano Experience* (2003). Además, tiene importantes estudios sobre el fenómeno lingüístico llamado "spanglish", los judíos en Latinoamérica y el comediante mexicano Cantinflas. Entre sus otras significantes aportaciones, ha servido de coordinador para la antología clave del *Norton Anthology of U.S. Latino Literatures* (2006). También es autor de *Spanglish: The Making of a New American Language* (Harper Collins), que incluye su traducción del primer capítulo de *El Quijote* en spanglish.

El profesor Stavans ha captado la esencia del "spanglish" con sus muchas variantes, e incluso su problemática y controversia. El explica que esta forma de hablar y escribir no es amenaza a la lengua española, sino que sirve como medio de comunicación para quienes se manejan entre dos lenguas a nivel diario. El "spanglish" no quita ni desprestigia sino que inyecta sentido y gracia a la expresión misma. Forma parte de un proceso histórico tal como ocurrió en la Edad Media cuando la lengua española, o castellano, se cristalizó como idioma propio pero aparte del latín introducido por los romanos. Como ya sabemos, el español peninsular es producto de ese latín mezclado con vocablos germánicos, vascos, árabes, griegos, celtas y otros. Por eso, la historia y discusión que nos da el profesor Stavans ayuda a darnos un concepto más amplio de lo que es una lengua y cómo se forma de acuerdo a sus muchas influencias y evolución.

Nota: Con respecto a las lecturas incluidas en este libro, vale señalar que en su mayoría han sido traducidas al español de su inglés original. Excepciones son el spanglish en los diálogos del cuento "Cajas de cartón" y en el corrido "Supermán es ilegal" (capítulo 7).

¿Es el spanglish una lengua?

(traducción de José María Puig de la Bellacana)

Responda, rápido: ¿qué término emplean los cubano-norteamericanos de Miami en lugar de "traitor" (traidor)? Kennedito. ¿Y cómo llaman los mexicanos del este de Los Ángeles al Tío Tom? Burrito. Como cualquier lexicógrafo puede atestiguar, ninguna de estas palabras—así menos en los sentidos arriba reseñados—figura en el léxico español normativo. Ni tampoco encontrarlo en el Oxford English Dictionary. Dan fe—en cambio—del rápido incremento de vocabulario del spanglish, ese idioma híbrido y colorido—en parte inglés, en parte español—que puede oírse actualmente en casi todo Estados Unidos. Sin embargo, cabe preguntarse: ¿es el spanglish realmente una lengua? Tal vez constituye únicamente un estado en el proceso de integración de los hispanos en la cazuela (el melting pot, o crisol étnico y cultural estadounidense).

Al fin y al cabo, una lengua posee sus academias, sus concordancias y otros instrumentos de referencia, como es el caso del español y del inglés. Y una lengua es capaz de expresar emociones y sentimientos complejos y de ser comprendida por una amplia variedad de hablantes. Ahora bien, ¿es realmente el spanglish una lengua? Al definir el yídish,* el linguística Max Weinreich dijo en una ocasión—en una célebre afirmación—que la diferencia entre una lengua y un dialecto es que la primera tiene un ejército y una armada. El yídish, a este respecto, nunca ha sido una lengua: nunca alentó ni persiguió la composición de un himno nacional, ni ningún presidente ni primer ministro empleó el yídish en el ejercicio de sus funciones oficiales. Y, sin embargo, en todo el mundo se leen y aprecian sus obras maestras, desde Tyve el lechero, de Scholem Aleichem, hasta la obra del galardonado con el premio Nobel, Isaac Bashevis Singer. En un momento dado—no excesivamente distante en el tiempo—cuatro quintas partes de la población judía del planeta hablaba yídish.

El spanglish carece también de fuerzas armadas y dirigentes políticos. Tampoco ha alcanzado el nivel de normatividad que alcanzó el yídish a finales del siglo XIX. No obstante, probablemente su consideración no hará más que aumentar. Los linguistas distinguen un *creole* (lengua criolla formada por combinación de lenguas)—entendido como combinación de dos o más lenguas dotadas de sintaxis y vocabulario enteramente desarrollados—de un pidgin entendido como una lingua franca formada por la mezcla de dos o más lenguas carente de una sintaxis claramente estructurada.

A lo largo del tiempo, el spanglish se ha conceptuado según esta última noción; sin embargo, se advierten indicios interesantes del crecimiento y desarrollo de normas propias de una lengua más estructurada y articulada.

De hecho, una numerosísima población hispana al norte de Río Grande es trilingüe: habla español e inglés, y asimismo spanglish, sobre todo la generación urbana más joven. Los hispanos—que superan la cifra de 40 millones según la Oficina del Censo de Estados Unidos—constituyen actualmente la principal minoría del país; su número aumenta en áreas apartadas donde su población antes era escasa y, por supuesto, en los núcleos urbanos del país. Para sus detractores, el spanglish representa un término medio inadmisible; una trampa, en el fondo. Repárese, en este sentido, en la escasa soltura de muchos hispanos en la lengua inglesa.

Parece evidente que, en este caso, la educación bilingüe no ha cumplido su misión. Sin embargo, esta perspectiva no es totalmente correcta. En las presentes circunstancias, el aprendizaje y la asimilación del inglés en el seno de la comunidad hispana no es sólo rápido y sólido, sino que es comparable al de otros grupos y comunidades que emigraron a Estados Unidos. Pero, pese a este fenómeno, lo cierto es que el spanglish no desaparece a medida que aumenta la soltura en el inglés. Al contrario, crece en importancia.

¿Cómo cabe explicar este fenómeno? En primer lugar, es menester recordar que el spanglish no es patrimonio exclusivo de los hispanos: basta detenerse un ins-

lexicógrafo *dictionary compiler*
normativo *standardizing*
colorista *colorful*
yídish *Yiddish language (also el judío)*
alentar *encourage*
galardonado *awarded*
carecer de *to lack*
apartado *remote*
soltura *fluency*
seno *breast*
a medida que *to the degree that*
patrimonio *the heritage*
marca *brand name*
echar pestes *to hurl epithets, curse*
jerga *jargon, slang*
agravar *to worsen*
espetar *to spit out, hurl*
cubonics *Cuban slang*
webón *internet user*
allende *beyond*
amalgama *combination. amalgam*
rezar *proclaim, stipulate*
soler *to be accustomed to*

*El yídish (inglés, *Yiddish*) fue la lengua del *ghetto* (barrio judío) en Europa. Derivada de un dialecto alemán, la lengua casi ha desaparecido totalmente debido a la emigración de Europa a principios del siglo XX y al holocausto (el genocidio perpetrado por los nazis durante la Segunda Guerra Mundial, 1939-45). Las nuevas generaciones judías han aceptado la lengua de la mayoría—el inglés en EE.UU., por ejemplo. Israel ha adaptado como la lengua nacional el hebreo, empleado por sus antepasados en tiempos bíblicos.

tante en la tienda habitual de música y curiosear en las acciones de rap y hip-hop para asombrarse del elevado número de conjuntos o grupos no hispanos que lo utilizan. En el mundo de los personajes populares basta recordar a Arnold Schwarzenegger actuando en cualquiera de sus versiones de Terminator, o el anuncio publicitario de la marca Chihuahua, "Yo quiero Taco Bell." Al propio tiempo, y debido a la gran difusión del cine, la moda y el deporte, el spanglish se halla presente en todo el hemisferio, desde Buenos Aires hasta Medellín.

Como era de esperar, los puristas odian el spanglish. Echan pestes de la jerga loca, como la gente la llama. A decir verdad, a los españoles nunca les ha convencido del todo la forma en que los hispanos trataban su lengua. Y ahora que los hispanos en Estados Unidos se han convertido en una fuerza política y económica, el problema se ha agravado. ¿Cuántas veces me he espetado un purista: muy bien, si cualquier léxico español registra el término techo para describir un roof (techo), ¿por qué demonios los hispanos han de emplear el término roofa? Los puristas están convencidos de que el spanglish es la consecuencia de la pereza: laziness (pereza). Pero olviden que la mayoría de los hogares hispanos en Gringolandia no posee un diccionario. Y, en cualquier caso, no son los diccionarios lo que dice a la gente como ha de hablar. Más bien es al contrario…

Naturalmente, los puristas expresan un punto de vista correcto sobre una cuestión: no hay un spanglish, sino muchos. Una clase de dominicanish es hablada por dominicano-norteamericanos en el barrio de Washington Heights al norte de Manhattan, y es distinto del pachuco hablado por los mexicanos en El Paso y el cubonics hablado por los cubanos en Union City. Y no cabe olvidar el omnipresente cyber-spanglish, empleado principalmente por los webones o grandes aficionados a Internet. De todas formas, se advierte una tendencia a una cierta normatividad en el seno de esta gran pluralidad de spanglish. Debido a la amplia difusión de la radio, la televisión, los periódicos y en especial Internet—nada viaja tan rápidamente en la web como el spanglish—algunas palabras se entienden perfectamente de costa a costa en Estados Unidos y allende nuestras fronteras. Este fenómeno ha impulsado a empresas y anunciantes a extraer tanto beneficio como sea posible de la amalgama lingüística. No hace mucho, el fabricante de tarjetas de felicitación Hallmark creó una nueva línea de tarjetas: "Feeling sick? ¿No se encuentra bien?", reza el texto de una que compré en Boston. He aquí otros textos: "Watch (Ve) un poco de televisión", "Drink your (Bebe tu) té con miel y limón", "Habla on the telephone (por teléfono), "Before you know it (y de repente) you'll be feeling (sentirás) ¡excelente!"

Teniendo en cuenta lo antedicho, ¿es el spanglish una lengua o un dialecto? ¿Un creole (lengua criolla formada por combinación de lenguas) o un pidgin (lingua franca)? Depende del diccionario que tengan a su disposición y de las personas de que ustedes suelan rodearse. ¿Qué futuro le espera? Es difícil decirlo. Lo que cuenta, no obstante, es el presente. Y en los dominios del presente se halla sólidamente *rooteado* (arraigado).

1. ¿Por qué "era de esperar" según Stavans que los puristas rechazaran el spanglish como una lengua?
2. Según Stavans, ¿cuáles son las características básicas e indispensables de una lengua?
3. ¿Cómo responde al fin el Profesor Stavans a su propia pregunta: ¿Es el spanglish una lengua?
4. Según Stavans, ¿es el yídish una lengua? ¿Por qué?

EN RESUMEN

¿Qué influencias son notables en la cultura hispana dentro de los EE.UU. (arte, música, etc.)?

¿Cómo es similar y cómo distinta a las culturas de otros grupos étnicos que imigraron a este país de varias partes de Europa y Asia?

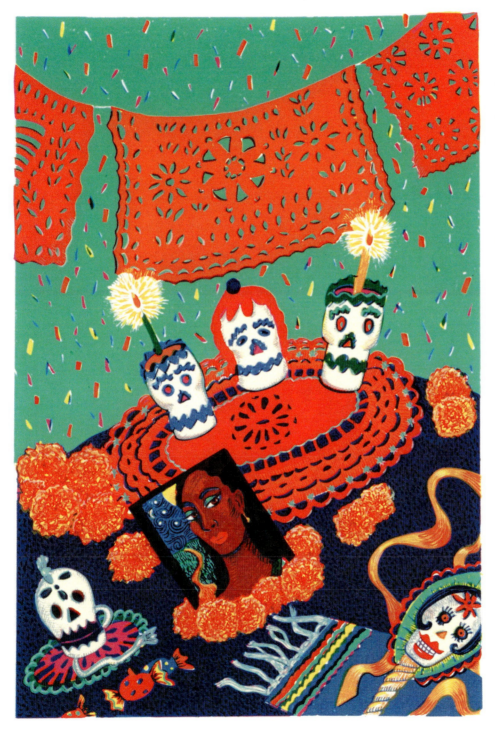

Todos los años pinto una obra como homenaje al Día de los Muertos, una observación mexicana que celebra a los ancestros o personas que han fallecido y que tuvieron algún impacto en nuestras vidas.
Pinté un altar utilizando objetos tradicionales como flores cempazúchitl (marigolds), calaveras de azúcar, papel picado y el retrato de un difunto imaginario.

– Patssi Valdez

Patssi Valdez es una artista chicana internacionalmente reconocida por sus obras.

MATERIAL EXTRA

Sara Poot Herrera is a Professor of Mexican and Spanish American Literature in the Department of Spanish and Portuguese at the University of California, Santa Barbara. An author of numerous articles, her works focus on Sor Juana Inés de la Cruz, Mexican culture and theater (XVII and XVIII century), women writers, and on contemporary romance and short stories. She is the author of *Un giro en espiral: El proyecto literario de Juan José Arreola* (192) and *Los guardaditos de Sor Juana* (1999). She has also edited and co-authored *Y diversa de mî misma entre vuestras plumas ando. Homenaje internacional a Sor Juana Inés de la Cruz* (1993), *Sor Juana y su mundo: Una mirada actual* (1995); *El cuento mexicano: Homenaje a Luis Leal* (1996); and *En gustos se comen géneros: Congreso Internacional Comida y Literatura* (2003).

See the biographies of the other participants on page 151.

Va incluida en el video una conversación entre tres distinguidos estudiosos del Departamento de Español y Portugués de la Universidad de California en Santa Bárbara: los profesores Sara Poot-Herrera, don Luis Leal y Francisco Lomelí, éstos dos siendo también autores de este libro. El tema es la obra de Juan Rulfo, con énfasis en su obra maestra *Pedro Páramo*. El segmento en el DVD es la primera parte de la conversación original que sigue casi una hora más y fue presentada en el Canal 17 (de acceso público) de Santa Bárbara. (Véase la información biográfica de Luis Leal y Francisco Lomelí en la primera parte de este libro.)

Para ayudar a los estudiantes, el profesor Lomelí ha escrito el siguiente ensayo para servir de introducción a Rulfo y varios aspectos de sus obras.

. . . .

Juan Rulfo

El escritor mexicano Juan Rulfo es uno de los gigantes prosistas del siglo XX. Es conocido principalmente por sus dos obras maestras, una colección de cuentos titulada *El llano en llamas* (1953) y su novela popular llamada *Pedro Páramo* (1955). No ha escrito una gran cantidad, pero su producción literaria es reconocida por su vigor y profundidad. También llegó a participar como guionista de películas, como en *El gallo de oro* (1964), y se destacó como fotógrafo de una gran sensibilidad al captar sombras, ángulos, objetos y paisajes sorprendentes. Rulfo es uno de los pocos artistas que ha sabido captar esencias de México, ya sea su lenguaje, sus temas de muerte y sufrimiento, su sentido de soledad y pobreza, como su angustia existencial. Él mismo tuvo una vida trágica debido a las muchas muertes en su familia durante la violencia de la Guerra Cristera (1927-29).* Su niñez como huérfano dejó en él huellas permanentes de sentirse aislado en el mundo. Por eso, sus personajes suelen lamentar mucho y hablar poco con frases cortas. A Rulfo le interesa, sobre todo, la técnica de contar una historia como las representaciones sugestivas de los personajes. Le gusta crear ambientes narrativos donde voces lejanas cuentan indirectamente lo que acontece en vez de tener al narrador tradicional presente. Así crea un ambiente de ecos y murmullos como en *Pedro Páramo* donde casi todos los personajes están muertos, pero igual se expresan como si estuvieran vivos. Así, Rulfo evoca sensaciones como sentimientos del pasado que siguen vigentes como ánimas en pena. Cuando se le preguntó lo que le había provocado escribir tal novela, contestó que quería darle vida a un pueblo muerto que había presenciado de niño.

Muchos de sus cuentos como su novela tienen una estrecha relación con la Revolución Mexicana que sacudió a la sociedad mexicana desde sus fundaciones. Si la revolución abrió a México al mundo moderno, también abrió las llagas de un mundo cerrado,

*La Guerra Cristera: una guerra sobre el papel de la Iglesia.

mostrando las injusticias, la ignorancia, los conflictos sociales y el dolor histórico. Por eso, en algunos cuentos como en su novela, el ambiente se asemeja a un purgatorio donde las almas se desahogan en un mundo sin tiempo, en el que surgen opiniones como impresiones sobre el amor y el poder, donde se habla con toda franqueza sin las restricciones sociales. En *Pedro Páramo*, por ejemplo, Pedro Páramo es un cacique de pueblo que ha dominado brutalmente sobre todos, pero no pudo disfrutar plenamente del amor de Susana, una mujer trágica que influye en él. Además, la obra tiene una estructura mítica desde un principio cuando un hijo de Pedro, llamado Juan Preciado, aparece en el pueblo Comala en busca de su padre. Su llegada permite que el pueblo cobre vida, repitiendo las mismas angustias como rencores del pasado. Aquí la muerte y la vida giran como un tiovivo de fuerzas fatales donde los personajes buscan la salida del purgatorio. Juan Rulfo nos hace apreciar la vida y la muerte como las dos inspiraciones fundamentales para entender nuestra existencia.

prosista *a prose writer (as opposed to poetry)*

guionista *screenwriter*

destacarse *stand out, excel*

huella *track, trace*

lamentar *bemoan, regret*

vigente *active, valid*

las ánimas en pena *souls in purgatory*

la llaga *wound*

asemejar *resemble*

purgatorio *spiritual inferno*

desahogarse *vent, pour out*

el cacique *local boss, chief (political)*

el rencor *anguish, anger*

el tíovivo *merry-go-round, carousel*

Comentario y discusión

Las siguientes preguntas están basadas en los comentos introductorios sobre Rulfo y su obra, *Pedro Páramo* en particular. Si los estudiantes tienen la ocasión de leer la novela, podrán responder mucho más extensivamente.

1. ¿Por qué empleó Rulfo el apellido de su abuelo materno y no de su propio padre?
2. ¿Qué opinión general tiene la Profesora Poot-Herrera de la obra de Rulfo?
3. ¿De qué época trata la novela *Pedro Páramo*?
4. En la novela, ¿cómo era Pedro Páramo?
5. ¿Qué representa el medallón?
6. ¿Qué significa la frase "las voces del ultramundo"?
7. En la conversación se comparan las obras de varios distinguidos novelistas con *Pedro Páramo*. ¿Quiénes y cuáles son las diferencias indicadas?
8. Según la profesora Poot-Herrera, ¿qué importancia tienen las mujeres en las obras de Rulfo?
9. ¿Cómo interpreta usted la frase "arrojar piedras como oraciones"?
10. ¿En qué sentido son comparables la gran y voluminosa novela *El Quijote* de Cervantes con la pequeña obra *Pedro Páramo* de Rulfo?

APPENDIX A

Gramática en breve: Answers to Self-test

A.

1. a) El Príncipe, quien nunca había tenido una aventura amorosa antes, se enamoró de Oyamel tan pronto como la encontró en el campo.

   b) Los portugueses se establecieron en el Brasil.

2. a) Los españoles, aunque acampados no muy lejos, nunca descubrieron Machu Picchu, que estaba situada en un valle escondido en los Andes.

   b) Sor Juana empezó a leer los libros que su abuelo tenía en su biblioteca.

3. a) Las fuerzas españolas, estacionadas en el pueblo Chileno de Chacabuco, fueron totalmente sorprendidas por la llegada del General José de San Martín y su ejército que habían atravesado las enormes alturas de los Andes para atacarlas.

   b) Para los cubanos José Martí ha sido un héroe nacional.

4. a) Al padre de Carmen no le gustó nada el joven, pero su hija encontró muchas cualidades en él que le gustaban muchísimo.

   b) A Juárez no le interesaba aumentar el poder de la Iglesia.

5. a) "Bendito sea Dios que ya viniste," dijo la mujer de Demetrio. " No te vayas otra vez."

   b) No era posible que Maximiliano pudiera derrotar a Juárez y su ejército.

6. a) Los campesinos no creyeron que Zapata hubiera sido asesinado.

   b) Rivera se negó a pintar escenas que sólo dieran placer a los coleccionistas más ricos.

7. a) "Vengan conmigo, compañeros, antes de que lleguen los Federales," dijo Demetrio, aunque secretamente dudó que pudieran escapar de la trampa del enemigo.

   b) Mi padre se puso muy excitado. "Ponte la chaqueta y sal a ver el carro" me dijo.

B.

el azúcar	épico	las religiones
el examen	el plátano	la religión
los exámenes	liberal	el inglés
el árabe	la iglesia	¡Vaya con él!
último	huyó	México

APPENDIX B

The following list defines terms often used in Chicano literature with specialized meaning.

ACTO	A short theatrical performance that became a favorite model for creating brief, improvised scenes. Its origins derive from Spanish theater which had instructional or moralistic objectives often mixed with a social message.
ADIVINANZA	A riddle or guessing game that is used to develop intelligence through word associations. It forms an important part of folk tales and lore.
AESTHETIC	That which relates to creativity and sensitivity toward the arts. It encompasses a theory of beauty toward objects seen or experienced and deals with the doctrine of taste in literature and the arts.
ALABADO	A hymn sung to praise the Holy Sacrament.
AMERINDIA	Originally an anthropological term, now used by Chicanos to express cultural pride while emphasizing an Indian America as one nation.
ANGLO	Used to denote any person in the United States who is not black, Indian, Asian, or of a Spanish-speaking background. It is a term to distinguish and does not carry a negative connotation. If a negative undertone is intended, the term *gabacho* takes the place of Anglo.
ARS POETICA	An expression borrowed from Latin that refers to a writer's particular concept of literature (also called poetics). Literally means the art of poetry.
AUTO (SACRAMENTAL)	In theater, allegorical or religious plays that generally consist of a one-act dramatic composition.
AZTLÁN	A term adopted from the Nahuas in Mexico, used by Chicanos to designate a sense of mythic place and territory. In general terms, it refers to the American Southwest, especially California, Arizona, Nevada, New Mexico, Colorado and Texas. The Nahuas considered the same region the land of their forefathers, and Chicanos view it as the spiritual homeland of their ancestors. It became a key rallying concept at the peak of the Chicano movement, a symbolic place on the map to which Chicanos could trace their origins.
BARRIO	A Hispanic neighborhood with its own identity as a semi-community. A distinction is made from the sometimes negative connotations of ghetto. It often implies a sense of pride and place.
BARRIO NOTICIERO	A barrio newspaper or source for disseminating news.
BATO LOCO	(also spelled VATO LOCO) common term among Chicanos to desribe a young man from the barrio whose character is noted for being unpredictable and at times outrageous in behavior. His spontaneous attributes make him socially free from inhibitions (or *crazy* in a casual context). The closest translation is "dude" although literally it signifies "a crazy guy."

BRACERO	Derives from the word "arm" and refers to a farmhand. It is a Mexican national who under the Bracero Program between the 1940s and 1960s was hired legally in the U.S. to carry out some of the extra duties and manual labor which were not done by other Americans.
BRUJA	A witch or sorceress; one who either practices witchcraft or allegedly has contact with the supernatural.
BRUJERÍA	Witchcraft or supernatural activities carried out by *brujas*.
CÁBULA	A scheme or stratagem that has a cryptic or superstitious quality. Some poets refer to it as the hidden or secret meaning of words.
CALAVERA	Literally, a skull; denotes a particular fascination with death or danger. In theater it is a death figure to associate the living with the afterlife.
CALÓ	An argot (slang) common in barrio speech, largely of unknown origin. It describes a street language particular to *pachucos* (dudes) filled with metaphoric inventions and creative hybrids of Spanish, English, Spanglish (Spanish mixed with English) and some Nahuatl terms.
CAMPESINO	A farmhand or field worker; a peasant.
CANCIONERO	An anthology or collection of songs and poems. It often includes compilations of folk songs.
CANTIGAS	Medieval narrative poems intended to be sung.
CARNAL/A	Term used to refer to a Chicano or Chicana meaning "brother" or "sister" as part of the immediate family or in a spiritual social sense.
CARNALISMO	A sense of brotherhood or kinship used in a sociopolitical bond. It establishes a Chicano affinity or movement.
CARPA	A tent or awning structure that serves multiple functions: for carnivals or circuses and as a stage for popular theater presentation. It was also a form of theater during the nineteenth and twentieth centuries much like vaudeville.
CATRINA	A skeletal figure based on the concept of a wealthy woman dressed in the nineteenth-century French fashion. Used now commonly during the Día de los Muertos festivities. Popularized in early 20th century by famous Mexico City engraver and artist, José Posada.
CHICANISMO	A concept of a lifestyle or a system of values to reflect social awareness and sensitivity.
COLONIAS	Literally means "colonies" but applies to neighborhood sections or small towns within a large city.
COLONO	A colonist or new settler; often refers to a tenant farmer.
COMEDIA	A dramatic presentation with or without a happy ending. Although its principal aim is to entertain, it should not be confused with "comedy."

COMPADRAZGO	A form of kinship or extended family ties that occurs when an individual becomes the godparent of someone else's child. It also strongly implies confidence, trust, and reliance between individuals.
COPLA	Refers mainly to a popular song and may be synonymous with a poetic composition with stanzas of four lines each.
CORRIDISTA	The person who writes or sings the *corrido*, often providing a personal interpretation.
CORRIDO	A ballad of popular origin that tells the story of historical or legendary persons and events. It generally follows a set formula in telling the story. It developed in Mexico and in the American Southwest.
COSTUMBRISMO	A literary style that gives particular attention to description of typical regional or national customs and social types.
CUADRO DE COSTUMBRES	Refers to local color of a given region.
CURANDERISMO	A practice of popular medicine or healing through herbs and other scientifically unexplained phenomena.
CURANDERO/A	A practioner of healing through herbs whose talents allegedly include some supernatural powers.
DÉCIMAS	A favorite Spanish stanza of ten octosyllabic verses with the rhyme scheme abbaaccddc.
DICHOS	Sayings, adages, or proverbs filled with witticisms or amusing remarks. Often their intention is didactic (instructional) or moralistic.
ENTREMÉS	A very short theatrical piece of a comic nature. It provides entertainment in the intermission of a longer play; particularly common during the Golden Age of Spanish theater.
ESQUIROL	a scab or strike-breaker who is portrayed as a disruptive element in Chicano actos.
ESTAMPA	a literary subgenre developed in Mexico and currently used by some Chicano writers. It is an incisive or brief episode to present a fleeting moment of popular reality.
FEUILLETON	From the French, it indicates a novel published in newspapers through a series of episodes.
FLORICANTO	A Nahuatl concept of art. Literally meaning "flower and song," it is a metaphor to describe poetry through a duality of beauty. The flower represents a temporary culmination of natural beauty and the song represents a timeless melody that recreates the original experience when it was created. It became a popular Chicano concept of poetry to establish greater affinity with Mexico's artistic past.

GRINGO	A term of uncertain origin, its usage is to designate a stranger or foreigner and has become popularized to refer to Anglo-Saxon Americans. Although it may be simply descriptive in nature, it also may carry derogatory connotations.
HERMANDAD	Brotherhood; also used in Spain to designate religious groups which undertake activities during Holy Week.
INDIGENISMO	A literary approach focusing on Indians and their culture with the intent of giving fair and representative portrayal.
JEFE/A	"Chief" or "head," but also has an affectionate usage to refer to father and mother in an informal manner. (See also CAUDILLO, a more political chief or head.)
LA CHINGADA	Refers to La Malinche, the Indian woman who assisted Hernán Cortés in conquering Mexico. The negative connotations surrounding this figure are attributed to her "selling out" her people.
LA LLORONA	The wailing woman who in folklore has numerous origins and versions. She in part embodies repentance after committing a crime against her children; also she inspires fear as a sort of boogyman in a female form. She represents one of the best known figures in Mexican and Chicano lore; various musical accompaniments exist.
LOA	A type of prologue for ancient dramatic works; also refers to a poetic rendition of praise.
LOS DE ABAJO	Title of the most famous novel of the Mexican Revolution (a chapter is reproduced in this text). Literally means "those at the bottom." It is a popular expression to signify "underdogs" or those who struggle to elevate their social status from the lowest level.
MACHISMO	A cultural value system that purports to highlight that which is masculine. It may have a negative meaning for behavior based on agressiveness and an exaggerated masculinity.
MESTIZAJE	A cultural term that favorably describes the process of miscegination or the mixture of different racial backgrounds. It applies especially to the melting pot, Latin American style, and by extension also found among Chicanos. Although not exclusively alluding to a mixture between Europeans and Indians, this tends to be the most common combination.
MESTIZO	Person who embodies the *mestizaje* process; also used with pride to refer to Chicanos' mixed blood heritage as a product of two cultures. Carries strong historical and cultural connotations.
MITO	"Myth," which reflects timeless concerns; particularly applicable to some Chicano theatrical representations. Also commonly used to signify a false or untrue concept or event.

MOJADOS	Literally means "wet ones," alluding to illegal entrance by Mexicans into the United States by crossing the Río Grande along the Texas border. A misnomer along the dry border along Arizona and California adjacent to Mexico, it has become synonymous with illegal.
MORDIDA	A bribe (literally, "bite").
NÁHUATL	One of the most important languages spoken by the Toltecs, the Chichimecs, Nahuas and Aztecs.
NORTEÑO	A person or lifestyle from the part of northern Mexico that overlaps with the U.S. Southwest.
PACHUCO	Term applied to zoot-suited chicano youth from urban areas like Los Angeles and other cities during the 1940s. It has taken on the meaning of Chicano "dudes" from the barrios as characterized by their dress, invented language (CALÓ) and social behavior.
PADRINOS	Godparents or sponsors who strengthen extended family ties.
PASTORELA	A pastoral poem or short play of an amorous nature in which the countryside and the country folk are exalted. It usually involves a debate between a shepherdess and her suitor. Probably originated or inspired by the Provençal troubador literature.
PATRÓN	A boss or foreman (it can be used negatively or affectionately).
PELADITO	A person who occupies the bottom of the social scale and whose behavior demonstrates that he has nothing to lose. A penniless person who usually resorts to creative ways to survive (compare with the *pícaro* of Spain).
PENITENTES	A somewhat mysterious religious cult in northern New Mexico known for penitent ceremonies of physical flagellations and traditions during Lent. Also refers to participants in Holy Week ceremonies in many other countries.
PESADILLA	Nightmare.
PÉSIMO	An adjective to describe very bad, appalling conditions.
PICARDÍA	Both a view and an approach to life through the extensive recourse of humor, mischief, and amoral behavior. Also, a carefree way of approaching life. (*pícaro* is derived from this term)
PINTO	A prison inmate whose plight became popular during the Chicano movement because he was viewed as a victim of social discrimination.
POCHO	A term that reflects the Mexican's view of the Chicano's Americanization, seen derogatorily as a loss of Mexican purity. It has recently lost some of its negative connotations and remains more descriptive rather than judgmental, often referring to border Spanish (language) or people living along the border.
PUEBLO	Apart from its basic Spanish meaning of "town", it also refers to an Indian culture indigenous to the Southwest U.S.

QUETZALCOATL	The Aztec god who embodied admiration and mystery. Believed to be an historical figure who provided the Nahua people with knowledge and sense of being. His name signifies a duality of both bird and serpent.
RAZA	Either "the people" or "the race." Used by Chicanos and other Latin Americans as a spiritual-cultural term to indicate community. Not the concept of physical race associated with racist views.
REBOZO	A shawl or muffler.
RETABLO	An altar piece with religious figures which tell a visual story.
ROMANCE	A narrative composition of popular origin with a varied number of verses, usually octosyllabic, and accompanied by music. Another name for a type of ancient Spanish ballad. Thought to be the origin of the CORRIDO.
SAINETE	A short and jovial dramatic representation that aims to entertain; often a one-act farce.
TECATO	Slang for a heroin addict, a social type whose plight became a concern during the height of the Chicano movement.
TROVO	Formerly a popular love ballad.
TURISTA	A stomach disorder attributed to eating unaccustomed kinds of food by tourists.
VATO LOCO	= BATO LOCO
ZARZUELA	A dramatic play in which singing and reciting take place alternately (origin in Spain, similar to an operetta).
ZAPATISTA	A movement for autonomy and social justice by indigenous Indians, mainly in the Chiapas area of southern Mexico (based on folk hero Emiliano Zapata).
ZOOT SUIT	A mode of dress popularized during the 1940s featuring distinctively baggy pants and other flashy garments. It became an urban style that was adopted with pride and a sign of defiance by Chicanos against an American society that resisted their lifestyle.

SPANISH-ENGLISH GLOSSARY

This glossary contains all of the vocabulary that appears in the video series El espejo enterrado, with the following exceptions: (1) most close or identical cognates, (2) conjugated verb forms (only infinitives are listed here), (3) diminutives in **-ito/a**, and (4) most adverbs ending in **-mente** (if the corresponding adjective is listed here). *Definitions in this list are based on usage in the context of the video narration.*

Stem changes and spelling changes are indicated in parentheses following the infinitive: **dormir (ue, u); llegar (gu); seguir (i, i); tocar (qu); huir (y)**. Irregular verbs such as **ir** and **ser** are described as **irreg.**

The gender of masculine nouns ending in **-o** and feminine nouns ending in **-a** is not indicated. However, if a masculine noun in **-o** has a feminine variant in **-a** the noun is listed thus: **enemigo /a**. The gender of other nouns is indicated with **m.** or **f.**, or with both in the case of one form with both genders, such as **artista m., f.** Adjectives ending in **-o** in the masculine singular are listed only in the singular form: **vivo /a**. Adjectives and nouns that become feminine by adding **-a** to the masculine noun form are indicated with **(a)**, e.g. **administrador(a)**.

Following the new rules of the Real Academia de la Lengua, the letters **ch** and **ll** are alphabetized just as in English glossaries.

Entries that are followed by Carlos Fuentes' name in parentheses are words coined by him during the development of the video program.

The following abbreviations are used:

adj.	adjective	*irreg.*	irregular
adv.	adverb	*L.A.*	Latin American
Arab.	Arabic	*m.*	masculine
aux.	auxiliary	*n.*	noun
f.	feminine	*pl.*	plural
geog.	geographical term	*p.p.*	past participle
inf.	infinitive	*prep.*	preposition
invar.	invariable	*sing.*	singular

A

abad m. *abbot*

abajeño/a *lowlander*

abajo *below, down*

abarcar (qu) *to cover, include*

abierto/a p.p. *open*

abismo *abyss*

abocado a *verging on*

abolir *to abolish*

aborigen m., f. *native, aborigine*

abrazar (c) *to embrace*

abrigar (gu) *to shelter*

abrigo *shelter; coat*

abrir *to open*

abrumador(a) *overwhelming*

abuelo/a *grandfather/ grandmother*

acabar *to finish*

acabar de + inf. *to have just (done something)*

acarrear *to carry, transport*

acaso *perhaps, possibly* **por si acaso** *if by chance*

accidentado/a *troubled; uneven*

acelerar *to accelerate, hasten*

acerca de *about*

acercarse (qu) *to approach*

acero *steel*

achicar (qu) *to diminish*

aclamar *to acclaim*

aclararse *to explain (oneself)*

acompañar *to accompany*

acontecer (zc) *to happen*

acontecimiento *event, happening*

acordar (ue) *to agree*

acordarse (ue) de *to remember*

acortar *to shorten, reduce*

actitud f. *attitude*

actual *Contemporary*

actuar (ú) *to act*

acueducto *aqueduct*

acuerdo *agreement*

acumular *to accumulate*

acurrucarse (qu) *to curl up*

adecuado /a *adequate*

adelante *forward*

además *furthermore*

adherir (ie, i) *to adhere*

administrador(a) *administrator*

adolescencia *adolescence*

adolescente n. m., f.; adj. *adolescent*

¿adónde? *(to) where?*

adondequiera *wherever*

adorar *to worship*

adormilarse *to get drowsy*

adornar *to decorate*

adquirir (ie, i) *to acquire*

advenimiento *coming, arrival*

advertencia *warning, advice*

advertir (ie, i) *to advise, warn*

aéreo /a adj. *air*

aeroplano *airplane*

afán m. *desire; fervor*

afligir (j) *to afflict*

afortunado /a *fortunate*

africano /a *African*

afroantillano /a *Afro-Antillean (of African origin living in West Indies)*

afrocubano /a *Afro-Cuban*

agitar(se) *to become agitated*

agónico /a *moribund*

agradecer (zc) *to thank, appreciate*

agradecido /a *thankful*

agredir *to assault; to insult*

agrícola m., f. *agricultural*

agricultor(a) *farmer*

agricultura *agriculture*

agropecuario /a *pertaining to land and cattle*

agrupar *to group together*

agua f. (but: el agua) *water*

águila f. (but: el águila) *eagle*

ahí *there*

ahora *now*

ahorcar (qu) *to hang (someone)*

ahorros *savings*

aire m. *air*

aislamiento *isolation*

aislar *to isolate*

ajedrez m. *chess*

ajeno /a *foreign: of other people*

ala f. (but: el ala) *wing*

alambrado /a *fenced (wire)*

alambre m. *wire*

albañil m. *mason*

albergar (gu) *to lodge*

alcanzar (c) *to attain, reach*

aldea *village*

alegar (gu) *to allege*

alegre *happy*

alegría *happiness*

alerta *alert*

algo *something*

algodón m. *cotton*

algún, alguno /a *some*

aliado /a *ally; allied*

alianza *alliance*

alimentar *to feed*

alimento *food*

alineado /a *aligned*

aliviar *to alleviate, reduce*

alivio *relief*

alma m. *soul*

alrededor *around*

altar m. *altar*

alternativo *alternative*

altiplano *high plateau*

alto /a *high, tall, deep*

altura *height*

allá *there*

allí *there*

ama f. (but: el ama) *mistress*

amanecer (zc) *to wake up; to dawn*

amante m., f. *lover*

amar *to love*

amargo /a *bitter*

amarillo /a *yellow*

amasar *to knead*

ambición f. *ambition*

ambicionar *to strive after*

ambiente m. *environment*

ambigüedad f. *ambiguity*

ambivalente *ambivalent*

ambos /a s *both*

amenaza *threat*

amenazante *threatening*

amenazar (c) *to threaten*

americano /a *American*

amigo /a *friend*

amo *master*

amor m. *love*

amortizar (c) *to amortize*

amplio /a *ample, wide*

analfabeto /a *illiterate*

anarquía *anarchy*

ancho /a *broad, wide*

anciano /a *ancient; former*

anclar *to anchor*

andaluz *Andalusian*

andante *walking*

andar irreg. *to walk*

ángel m. *angel*

angloamericano /a *Angloamerican*

anglosajón (anglosajona) *Anglosaxon, "anglo"*

ángulo *angle*

angustia *worry, anguish*

angustiado /a *worried*

anhelo *longing, desire*

anillo *ring*

animal m. *animal*

animar *to animate*

aniversario *anniversary*

anonimidad f. *anonymity*

anónimo /a *anonymous*

ansioso /a *anxious, worried*

antagonista m., f. *antagonist*

antaño adv. *of yore*

ante *before, facing*

antecesor(a) *predecessor*

antepasado /a *ancestor*

anterior *previous*

antes *before*

antigüedad f. *antiquity, antique*

antiguo /a n. *very old person* **adj.** *ancient; former*

antorcha *torch*

anunciar *to announce*

añadir *to add*

año *year*

aparecer (zc) *to appear*

aparente *apparent*

aparición f. *appearance*

apariencia *appearance, looks*

aparte adv. *apart, separated*

apasionado /a *passionate*

apenas *barely, scarcely*

aplacar (qu) *to placate*

aplauso *applause*

aplicar (qu) *to apply*

apoderarse (de) *to gain power of*

apogeo *height (of power)*

aportar *to contribute*

aporte m. *contribution*

apóstol m. *apostle*

apoyar *to support*

apoyo *support*

apreciar *to appreciate*

aprender *to learn*

aprobación f. *approval*

aprobar (ue) *to approve; to pass an exam*

aprobatorio /a *approving*

apropiado /a *proper*

aprovechar *to take advantage of*

aproximado /a *approximate*

aproximarse *to draw near, approach*

apuntar *to point*

aquel, aquella adj. *that*

aquello *that, that thing*

aquí *here*

árabe n. m., f. *Arab*

arar *to plow*

araucano /a *Araucanian (Indian)*

árbitro *arbiter, referee*

árbol *tree*

arcabuz m. *crossbow*

arco *arch; bow*

archivo *archive, file*

arder *to burn*

ardiente *burning*

arduo /a *arduous, difficult*

área f. (but: el área) *area*

arena *sand*

argamasa *mortar*

árido /a *arid, dry*

aristocracia *aristocracy*

aristócrata m., f. *aristocrat*

arma f. (but: el arma) *arm, weapon*

armado /a *armed*

armar *to arm*

armario *closet*

arquitecto /a *architect*

arquitectónico /a *arquitectural*

arrancar (qu) *to pull up; to take forcibly*

arrastrar *to drag*

arreglar *to fix, repair*

arriba *up*

arribo *arrival*

arriesgado /a *risky*

arriesgar (gu) *to risk*

arrinconado /a *cornered*

arrogancia *arrogance*

arrojar *to throw*

arruinar *to ruin*

arte m., f. *art*

artesanía *handicrafts*

artesano /a *craftsman*

artillería *artillery*

artista m., f. *artist*

artístico /a *artistic*

asalariado /a *salaried*

asamblea *assembly*

ascendencia *ancestry*

ascender (ie) *to ascend*

ascendiente *ascending*

ascenso *ascent*

asegurar *to ensure*

asesinar *to assassinate*

así *so, thus*

asilo *asylum*

asimilar *to assimilate*

asistir *to attend*

asociación *association*

asombrar *to astonish*

asombro *astonishment*

asombroso /a *astonishing*

aspecto *appearance*

aspiración f. *aspiration*

astronomía *astronomy*

astrónomo /a *astronomer*

astucia *astuteness*

astuto /a *astute*

asumir *to assume*
asunto *matter, business*
asustar *to frighten*
atacar (qu) *to attack*
ataque m. *attack*
atar *to tie, bind*
ataviar *to dress, adorn*
atavístico /a *atavistic*
atención f. *attention*
atento *attempt*
aterrador(a) *terrible, frightening*
atmósfera *atmosphere*
atormentar *to torment*
atraer (irreg.) *to attract*
atrás *behind*
atreverse (a) *to dare*
atrincherar *to entrench*
atrocidad f. *atrocity*
atún m. *tuna*
audacia *boldness*
audaz *bold, daring*
auditorio *audience; auditorium*
augurio *omen, sign*
aumentar *to increase, augment*
aumento *increase*
aún *still, yet*
aunque *even though, even if*
aurífero /a *gold- bearing*
ausencia *absence*
austríaco /a *Austrian*
auténtico /a *authentic*
autoconocimiento *self- knowledge*
autodescubrimiento *self- discovery*
autodeterminación f. *self- determination*
autogobierno *self- government*
autonomía *autonomous region*
autónomo /a *autonomous*
autor(a) *author*
autoridad f. *authority*
autoritario /a *authoritarian*
autorizar (c) *to authorize*
avanzar (c) *to advance*
aventura *adventure*
ayer *yesterday*
aymará *Andean Indian language and people*
ayuda *help, aid*
azar m. *chance*
azotar *to beat*
azote m. *whip*
azteca n. m., f. *Aztec*

azúcar m. *sugar*
azucarero /a adj. *sugar (industry)*

B

bahía *bay*
bailador(a) *dancer*
bailar *to dance*
baile m. *dance*
bajo prep. *beneath*
bálaka (Arab.) *blessing*
balance m. *balance*
balanza *scale*
balcón m. *balcony*
balsa *raft*
baluarte m. *bulwark, bastion*
bancario /a *banking*
banco *bank*
bandera *flag*
bandido /a *bandit*
bandolero /a *highwayman, outlaw*
barato /a *cheap*
barba *beard; chin*
barbado /a *bearded*
barbarie f. *barbarism*
bárbaro /a *barbarian*
barco *boat*
barrenado /a *scuttled (boat)*
barrera *barrier*
barriada *suburb, quarter*
barrio *suburb, quarter*
barro *clay*
barroco /a *Baroque*
basarse en *to be based on*
base f. *base*
básico /a *basic*
bastar *to be enough*
bastión m. *bastion*
batalla *battle*
batallón m. *battalion*
bautismo *baptism*
bautizar (c) *to baptize*
bayoneta *bayonet*
bebedor(a) *drinker*
beber *to drink*
bebida *drink*
belga *Belgian*
beligerancia *belligerence*
belleza *beauty*
bello /a *beautiful*
bendición f. *blessing*
beneficio *benefit*
beneficioso /a *beneficial*

benévolo /a *benevolent*
berberí m., f. *Berber*
bestia *beast*
biblia *Bible*
biblioteca *library*
bibliotecario /a *librarian*
bien *well*
bienvenido /a *welcome*
bífido /a *forked, cleft*
biografía *biography*
bisabuelo /a *great- grandfather/ great- grandmother*
blanco /a *white*
blandir *to brandish*
boca *mouth*
bomba *pump; bomb*
bombardear *to bomb*
bombardeo *bombing, bombardment*
bombardero /a *bomber*
bonaerense m., f., adj. *of Buenos Aires*
bordar *to embroider*
borde *border, margin*
borrar *to erase*
bosque m. *forest*
botafumeiro *censer (for incense)*
botella *bottle*
botín m. *booty*
bravo /a *brave, fierce*
brazo *arm*
breve *brief*
brigada *brigade*
brillante *brilliant*
británico /a *British*
bronce *bronze*
bruto /a *brute, stupid, coarse*
brutal *brutal*
bucanero *buccaneer*
bueno /a *good*
burdel m. *brothel*
burlarse (de) *to make fun of*
burocracia *bureaucracy*
buscar (qu) *to search*
búsqueda *search*

C

cabal *exact, right; perfect*
cabalgata *cavalcade*
caballería *chivalry; cavalry*
caballero *gentleman*
caballo *horse*

cabecilla m. *chieftain, leader*
caber irreg. *to fit*
cabeza *head*
cabo *end; (geog.) cape*
cacao *cocoa*
cacique m. *chieftain; leader*
cachorro /a *pup; cub*
cada *each*
cadáver m. *corpse, cadaver*
cadena *chain*
caduco /a *decrepit, senile*
caer irreg. *to fall*
café m. *coffee; café*
caída *fall*
calendario *calendar*
cálido /a *hot*
caliente *hot*
caligrafía *calligraphy*
calor m. *heat*
calumniar *to slander*
calzado /a *shod, wearing shoes*
calle f. *street*
callejón m. *alley, narrow street*
cámara *chamber, room; camera*
cambiante *changing*
cambiar *to change*
cambio *change*
caminar *to walk*
camino *road, way*
camisa *shirt*
campamento *encampment*
campana *bell*
campaña *campaign*
campesino /a *peasant, farmer*
campo *field*
canción f. *song*
cangrejo /a *crab*
canjear *to exchange*
cañón m. *cannon*
cañonero /a *cannoneer*
cansado /a *tired*
cansancio *weariness*
cantante m., f. *singer*
cantar *to sing*
cante m. *(folk)song*
canto *song*
caña *cane*
caos m. *chaos*
caótico /a *chaotic*
capa *layer; cape*
capacidad f. *capacity*
capataz m. *foreman*

capaz *capable*

capilla *chapel*

capital f. *capital (city)*

capital m. *capital (money)*

capitalizar (c) *to capitalize*

capitán m. *captain*

capítulo *chapter*

capricho *whim, caprice*

capturar *to capture*

cara *face*

caracol m. *snail*

caracterizar (c) *to characterize*

¡carajo! *(go to) hell*

caravana *caravan*

caravela *small sailing ship*

cárcel f. *jail*

carecer (zc) *to lack*

carga *charge, load*

cargado /a *loaded*

cargar (gu) *to bear, carry*

carnaval m. *carnival*

carne f. *meat*

carreta *cart*

carretera *road*

carroza *coach, carriage*

carruaje m. *carriage*

carta *letter*

cartaginense *Carthaginian*

cartografía *map-making*

cartón m. *carton, cardboard*

casa *house*

casado /a *married*

casarse *to get married*

casi *almost*

caso *case*

castellano *Castillian (language)*

castigar (gu) *to punish*

castillo *castle*

casto /a *chaste, pure*

castrar *to castrate*

catalizador m. *catalyst*

catarata *cataract*

catástrofe f. *catastrophe, disaster*

catedral f. *cathedral*

catolicismo *Catholicism*

católico /a *Catholic*

caudillo *leader, chief*

causa *cause*

causar *to cause*

cauteloso /a *cautious*

cazador(a) *hunter*

ceiba *silk-cotton tree*

celda *cell*

celebración f. *celebration*

celebrar *to celebrate*

celebratorio /a *celebratory*

celestial *ceslestial*

celoso /a *jealous*

celta n. m., f.; adj. *Celt*

cementerio *cemetery*

cena *dinner*

ceniza *ash*

censura *censure; censorship*

centenario /a *hundred-year-old*

centinela m., f. *centinel*

centralista m., f. *centralist*

centralizador(a) *centralizing*

centro *center*

centurión m. *centurion*

cerca *near*

cercano /a *nearby*

ceremonia *ceremony*

ceremonial *ceremonial*

cerrado /a *closed*

certeza *certainty*

certidumbre f. *certainty*

cesar *to stop*

chamuscar (qu) *to singe, scorch*

charro *Mexican cowboy*

chileno /a *Chilean*

chino /a *Chinese*

chivo /a *goat*

chopo *poplar*

choque m. *wreck*

cicatriz f. *scar*

ciego /a *blind*

cielo *sky; heaven*

ciencia *science*

científico /a *scientist*

cierto /a *true, certain*

cima *summit*

cimarrón m. *runaway, fugitive*

cimentar (ie) *to lay foundations*

cinco *five*

cincuenta *fifty*

cine m. *movie theatre*

circundante *surrounding*

circundar *to surround*

cirio *wax candle*

cita *date, appointment*

citadino /a *city dweller*

ciudad f. *city*

ciudad fortaleza *city-fortress*

ciudadano /a *citizen*

ciudadela *citadel, fortress*

civil *civil*

civilización f. *civilization*

civilizador(a) *civilizing*

claro/ s *clear; sure*

clase f. *class*

clásico /a *classic*

clasista m., f. *classicist*

clave adj. *key, important*

clemencia *clemency*

clerecía *clergy*

clero *clergy(man)*

coalición f. *coalition*

coca *coca (leaves)*

cocina *kitchen; stove*

codear *to elbow, jostle*

códice m. *codex*

codicioso /a *greedy, covetous*

código *code*

cofradía *fraternity, guild*

colegio *secondary school*

cólera *cholera*

colina *hill*

colmena *beehive*

colmenar m. *apiary*

colocar (qu) *to locate, place*

coloniaje m. *colonization*

colorado /a *colored; red*

colorido *color, coloring*

comandante m., f. *commander*

comenzar (ie) (c) *to begin*

comer *to eat*

comerciante m., f. *merchant*

comerciar *to trade*

cometa m. *comet*

cometer *to commit*

comida *food*

como *as*

¿cómo? *how*

cómodo /a *comfortable*

compañía *company*

compararse *to compare*

compartir *to share*

compasivo /a *compassionate*

compatriota m., f. *fellow-citizen*

complaciente *accommodating*

complejo /a *complex*

comportarse *to behave*

comprender *to understand*

comprometer *to commit; to compromise*

comprometido /a *engaged*

compromiso *compromise; engagement; commitment*

común *common*

comunicado /a *connected*

con *with*

concebible *conceivable*

concebidor(a) *(Fuentes) conceiver*

concebir (i, i) *to conceive*

concernir (ie, i) *to concern*

consciente *conscious*

conciliar *to reconcile*

concluir (y) *to conclude*

concordia *agreement*

condenado /a *condemned*

condenar *to condemn*

condición f. *condition*

conducir (zc) *to conduct; to drive*

conexión f. *connection*

confesar (ie) *to confess*

confianza *confidence*

confundir *to confuse*

conjunto *group*

conmemorado /a *commemorated*

cono *cone*

conocer (zc) *to know*

conquista *conquest*

conquistar *to conquer*

consciente *conscious*

conseguir (i, i) (g) *to obtain, get*

consejero /a *advisor*

consejo *advice*

conservador(a) *conservative*

consigo *with you/ him/ her/ them*

consistir *to consist*

consolación f. *colsolation*

consolidar *to consolidate*

consorte m., f. *spouse*

constelación f. *constellation*

constituir (y) *to constitute*

construcción f. *construction*

construir (y) *to construct*

consuelo *consolation*

consumista n. m., f.; adj. *consumer*

consumo *consumption*

contar (ue) *to count; to tell*

contemplar *to contemplate*

contemporáneo /a *contemporary*

contendiente m., f. *contender*

contener (ie) (g) *to contain*

contenido sing. *contents*

contestar *to answer*
continente m. *continent*
continuar (ú) *to continue*
continuidad f. *continuity*
continuo /a *continuous*
contra prep. *against*
contribuir (y) *to contribute*
convencer (z) *to convince*
convención f. *convention*
converso /a *converted*
convertir (ie, i) *to convert*
copiar *to copy*
coraje m. *courage; anger*
corazón m. *heart*
cordillera *mountain range*
coreano /a *Korean*
corintiano /a *Corinthian*
corneado /a *horned*
cornear *to gore*
corneta *cornet*
corona *crown*
coronación f. *coronation*
corregir (i, i) (j) *to correct*
corresponder *to correspond*
corrida *race*
corrida de toros *bullfight*
corrido *Mexican folk ballad*
corriente *current; cheap*
corrupción f. *corruption*
corrupto /a *corrupt*
corsario /a *pirate*
corte f. *court*
cortesano /a *courtier*
cosa *thing*
costa *coast; cost*
costeño /a *coastal*
costilla *rib*
costumbre f. *custom*
creación f. *creation*
creador(a) *creator*
crear *to create*
crecer (zc) *to grow*
creciente *growing*
crecimiento *growth*
credenciales f. pl. *credentials*
crédito *credit*
credo *creed*
creencia *belief*
creer (y) *to believe*
crepuscular adj. *twilight*
crepúsculo n. *twilight*
criado /a n. *servant*

adj. *raised*
criatura *creature; infant*
criollo /a *creole (Spaniard born in the New World)*
crisis f. *crisis*
crisol m. *melting pot, crucible*
cristal m. *crystal (glass)*
cristiandad f. *Christianity*
cristianismo *Christianity*
cristianizado /a *christianized*
cristiano /a *Christian*
criterio *criterion*
crítica *criticism*
criticar (qu) *to criticize*
crítico /a *critical*
cronista n. m., f. *chronicler*
cruce m. *intersection, crossroad*
crucificar (qu) *to crucify*
cruz f. *cross*
cruzar (c) *to cross*
cuadro *painting; square*
¿cuál? *which?*
cualidad *quality*
cualquier(a) *any*
¿cuándo? *when?*
¿cuánto? *how much?*
cuarenta *forty*
cuarto *room; fourth*
cuatro *four*
cuatrocientos *four hundred*
cubano /a *Cuban*
cubierto /a *covered*
cubista n. m., f.; adj. *cubist*
cubrir *to cover*
cuchara *spoon*
cuenta *bill*
cuento *story*
cuerda *rope, cord*
cuerpo *body*
cuestión f. *matter, question (of)*
cuestionamiento *(Fuentes) questioning*
cuestionante adj. *questioning*
cuestionante n. *(Fuentes) questioner*
cueva *cave*
cuidado *care*
cuidar *to take care of*
culminar *to culminate*
culpa *fault, blame*
culpar *to blame*
cultivo *cultivation*

culto *worship*
cultura *culture*
cumbre f. *peak, summit*
cumplir *to fulfill*
cuota *quota*
curiosidad f. *curiosity*
cúspide f. *peak, summit*

D

dama *lady*
danzante m. *dancer*
dañar *to damage, harm*
daño *harm, hurt, injury*
dar irreg. *to give*
datos m. pl. *data, information*
de (pl. des) *the letter "d"*
de *of*
debatir *to debate*
deber *must, should; to owe*
debido a *due to*
débil *weak*
debilitar *to weaken*
decena *group of ten*
decir irreg. *to say, tell*
dedo *finger*
defender (ie) *to defend*
defensor(a) *defender*
definirse *to be defined*
deidad f. *deity*
dejar *to leave; allow*
dejarse *to allow oneself (to)*
delicia *delight*
demagogo *demagogue*
demandar *to sue; to demand*
demás: los/las demás *the rest*
demasiado adv. *too much*
demonio *devil*
demostrar (ue) *to demonstrate*
dentro de *inside, within*
denunciar *to denounce*
dependencia *dependency*
deponer irreg. *to depose*
depositar *to deposit*
derecho /a adj. *right*
derecho adv. *straight (ahead)*
derecho n. *law*
derivar *to derive*
derramar *to shed, spill*
derretirse (i, i) *to melt*
derrocar (qu) *to overthrow*
derrochar *to squander, waste*
derrota *defeat, rout*

derrotar *to defeat, overthrow*
derrumbar *to throw or knock down*
derrumbarse *to crash down*
desafiar (í) *to challenge*
desafío *challenge*
desamparado /a *defenseless, abandoned*
desaparecido /a *disappeared*
desarrollar *to develop*
desarrollo *development*
desastre m. *disaster*
desastroso /a *disastrous*
desatar *to unleash*
descansar *to rest*
descanso *rest*
descendiente m., f. *descendant*
descubrimiento *discovery*
descubrir *to discover*
desde *since*
desdén m. *disdain*
desdeñoso /a *disdainful*
desdicha *misfortune*
desdichado /a *unhappy*
desear *to desire*
desembarcar (qu) *to disembark*
desempeñar *to carry out*
desempleo *unemployment*
desenmascarar *to unmask*
desenterrar (ie) *to unearth*
desenvolver (ue) *to unwrap, unwind*
deseo *desire*
desesperadamente *desperately*
desesperanza *despair*
desfile m. *parade*
desgracia *disgrace, misfortune*
desigualdad f. *inequality*
desmontar *to dismount*
desnudo /a *naked*
despedazado /a *smashed, shattered*
despertarse (ie) *to wake up*
despiadado /a *merciless*
desplazar (c) *to displace*
desplegarse (ie) (gu) *to unfold*
despliegue m. *fold*
despojar *to strip, despoil*
desposeído /a *dispossessed*
despreciar *to deprecate, scorn*
después (de) *after*
destacarse (qu) *to stand out*
desterrar (ie) *to exile*

destino *fate, destiny*
destreza *skill*
destruir (y) *to destroy*
detener irreg. *to arrest, detain*
detenerse irreg. *to stop*
detrás de *behind*
deuda f. *debt*
día m. *day*
diario n. *(daily) newspaper*
 adj., adv. *daily*
dictadura *dictatorship*
dicho *saying*
dichoso /a *happy*
diecinueve *nineteen*
dieciochesco /a *relating to the eighteenth century*
dieciséis *sixteen*
diez *ten*
diezmar *to decimate; to pay tithe*
diezmo *tithe*
digno /a *worthy*
diluvio *deluge, flood*
dinero *money*
dios(a) *god (goddess)*
dirigente *directing, leading*
dirigir (j) *to direct*
discernir (ie, i) *to discern*
disco *record; disk*
discurso *speech; discourse*
discutir *to discuss; to argue*
diseñar *to design*
diseño *design*
disfrazar (c) *to disguise*
disminuido /a *diminished*
disoluto /a *dissolute*
disparar *to fire (a shot)*
dispuesto /a *disposed, willing*
divertido /a *fun*
divertirse (ie, i) *to have fun*
divisar *to make out, distinguish*
doblar *to fold; to double*
doce *twelve*
dólar m. *dollar*
doler (ue) *to ache, hurt*
dolor m. *pain*
domar *to tame, domesticate*
domesticar (qu) *to domesticate, tame*
don (doña) *title of respect before male (female) first name*
doncella *girl*
¿dónde? *where?*

Dorado /a *golden*
dormir (ue, u) *to sleep*
dosis f. *dose*
dotado /a *gifted*
dramaturgo /a *playwright*
duda *doubt*
dudar *to doubt*
dueño /a *owner*
dulce *sweet*
duradero /a *lasting*
durante *during*
durar *to last*
duro /a *hard, difficult*

E

ecuación f. *equation*
echar *to throw (out)*
edad f. *age*
edificio *building*
ejecutar *to execute, carry out*
ejercer (z) *to exercise*
ejercicio *exercise*
ejército *army*
él *he*
electrizar (c) *to electrify*
elegir (i, i) *to elect, choose*
elenco *catalogue, list*
elogio *eulogy, praise*
ella *she*
ello *it, that*
embajada *embassy*
embajador(a) *ambassador*
embargante *embarking*
embargo: sin embargo *nevertheless*
embelesar *to delight, enchant*
embestir (i, i) *to attack, charge*
emborracharse *to get drunk*
emboscada *ambush*
empalar *to impale*
empalizar (c) *to stockade*
empañar *to cloud, steam up*
empeñar *to pledge, dedicate*
emperador (emperatriz) *emperor (empress)*
empezar (ie) (c) *to begin*
empleado /a *employee*
empleador(a) *employer*
empleo *job, employment*
emplumado /a *feathered*
emprender *to undertake*
empresa *company, enterprise*

empresario /a *businessman/ woman*
empujar *to push*
en *in, into; on*
enamorarse *to fall in love*
enano /a *dwarf*
encabezar (c) *to head*
encadenar *to link, chain together*
encaminar *to head toward*
encarcelar *to imprison*
encargarse de (gu) *to take charge of*
encerrar (ie) *to shut up, enclose*
encima (de) *on top (of)*
enclaustrar *to cloister, shut up*
encomienda *colonial estate*
encontrar (ue) *to find, encounter*
encuentro m. *encounter, meeting*
endeudado /a *indebted*
enemigo /a *enemy*
enérgico /a *energetic*
enero *January*
énfasis m. *emphasis*
enfermedad f. *illness*
enfocar (qu) *to focus*
enfrentarse a *to face, confront*
engañar *to deceive*
engaño *deceit*
engañoso /a *deceitful*
enigmático /a *enigmatic*
enloquecer (zc) *to drive crazy*
enmascarar *to mask*
enriquecer (zc) *to enrich*
ensamblado /a *assembled*
ensanchar *to broaden, enlarge*
ensayar *to try, practice, rehearse*
ensayo *essay*
enseguida *at once, right away*
enseñar *to teach*
ensombrecido /a *darkened*
entender (ie) *to understand*
entendido /a *understood*
enterarse de *to become aware of, find out about*
enterrar (ie) *to bury*
entonces *then*
entrada *entrance, entry*
entrambos *both*
entraña *entrails; feeling*
entre *between*
entrecruzar (c) *to intertwine*
entregar (gu) *to turn in, hand over*

entrelazar (c) *to interlace*
entrevistar *to interview*
entrometido /a *meddlesome, interfering*
envenenar *to poison*
enviar (í) *to send*
envidia *envy*
envuelto /a *wrapped*
épica *epic poetry*
epopeya *epic (literary genre)*
equidad f. *equity, fairness*
equilibrio *equilibrium, balance*
equipaje m. *baggage, luggage*
equivalencia *equivalency*
erigir *to erect, raise*
escalera *ladder, stairs*
escalón m. *step*
escaso /a *scarce*
escenario *stage; setting*
esclavitud f. *slavery*
esclavo /a *slave*
escoger (j) *to choose, select*
esconder *to hide*
escribir *to write*
escritor(a) *writer*
escritura *writing*
escuchar *to listen*
escudo *shield*
escuela *school*
escultor(a) *sculptor*
escultura *sculpture*
escupir *to spit*
ese /a *that*
eso *that, that thing*
espacio *space*
espada *sword*
espalda *back*
especialidad f. *specialty*
especialmente *especially*
especie f. *species; kind*
espectro /a *specter, ghost*
espejo *mirror*
esperanza *hope*
esperar *to hope; wait for*
espía m., f. *spy*
espíritu m. *spirit*
esponjoso /a *spongy*
esposo /a *husband / wife*
esqueleto *skeleton*
esquina *corner*
establecer (zc) *to establish*
estadista m., f. *statesman;*

statistician
estado nación n. *nation-state*
estallar *to explode; to break out (war)*
estancia *stay*
estandarte m. *standard, banner*
estaño *tin*
estar irreg. *to be*
estatua *statue*
estatuilla *figurine*
estatuto *statute*
este /a *this*
estilo *style*
estival, estivo adj. *summer*
esto *this, this thing*
estrecho n. *strait*
estrella *star*
estrepitoso /a *noisy*
estuka m. *stuka (Nazi war plane)*
etapa *stage, phase*
eternidad f. *eternity*
eterno /a *eternal*
ético /a *ethical*
étnico /a *ethnic*
eufemismo *euphemism*
euforia *euphoria*
evadir *to evade*
evitar *to avoid*
exaltante *exalting, elating*
excitante *stimulating*
excitar *to arouse, excite*
excluir (y) *to exclude*
exigencia *(pressing) demand*
exigir (j) *to demand*
éxito *success*
explotar *to exploit*
exponer irreg. *to expose*
expulsar *to expel*
extender (ie) *to extend*
extranjero /a *foreigner*

F
fábrica *factory*
fabricar (qu) *to manufacture*
fabuloso /a *fabulous*
fácil *easy*
fachada *facade*
falda *skirt*
falta *lack*
falla *defect, fault*
fallido /a *vain, frustrated*
familiar n. m., f. *relative; adj.*

family
fanfarrón (fanfarrona) *braggart*
fantasma m. *ghost*
fase f. *phase*
favorecer (zc) *to favor*
fe f. *faith*
fecha *date*
feliz *happy*
fenicio /a *Phoenician*
fenómeno *phenomenon*
feroz *ferocious, fierce*
ferrocarril m. *railroad*
fiebre f. *fever*
fiel *faithful*
fiera *beast*
fiesta *party*
figuración f. *imagination*
fijar *to fix, notice*
fin m. *end*
financiero /a adj. *financial*
firmar *to sign*
firmemente *firmly*
flamenco /a *flamenco; Flemish*
flor f. *flower*
florecer (zc) *to flourish, flower*
floreciente *flourishing*
florido /a *flowery*
flota, flotilla *fleet*
flotante *floating*
fluir (y) *to flow*
flujo *flow, flux*
fogoso /a *fiery, spirited*
follón (follona) *lazy, cowardly*
fondo *bottom*
formular *to formulate*
fortalecerse (zc) *to fortify, strengthen oneself*
fortaleza *fortress, fort*
fracasar *to fail*
fracaso *failure*
fraile m. *friar*
francés m *French (language)*
francés (francesa) adj. *French*
frenesí m. *frenzy*
frente f. *forehead; front*
frente a *facing*
frío /a adj. *cold*
frío n. *cold*
frontera *border*
fronterizo /a adj. *frontier*
fuego *fire*
fuente f. *source; fountain*

fuera *outside*
fuero *law; court of law*
fuerte *strong*
fuerza *force; strength*
fumar *to smoke*
funcionario /a *bureaucrat*
fundar *to found*
fundir *to cast, smelt*
fusilamiento *shooting*
fusilar *to shoot*

G
galantería *gallantry*
galardón m. *reward, prize*
galope m. *gallop*
ganadero /a *pertaining to cattle*
ganar *to earn; to gain; to win*
gárgola *gargoyle*
garrote m. *club; garrote*
gaucho *Argentine cowboy*
gemelo /a *twin*
género *gender, kind*
genésico /a *genetic*
genio *temperament; genius*
gente f. *people*
germánico /a *Germanic*
gestar *to create*
gigante /a n. *giant*
gitano /a n. m., f.; adj. *gypsy*
gobernante n. m., f. *ruler, governor*
adj. *ruling, governing*
gobernar (ie) *to govern*
gobierno *government*
godo /a *Gothic*
golfo *gulf*
golpe m. *blow, strike, hit*
gorra *cap*
gótico /a *Gothic*
goyesco /a *Goyesque*
gozar (c) *to enjoy*
grabado *engraving*
gracia *grace; wit*
gracias *thank you*
grado *degree*
grafito *graphite*
granadero *grenadier*
grande *large; famous*
grandeza *grandeur*
granja *farm*
gravedad f. *gravity*
griego /a *Greek*

gringo /a *U.S. citizen*
gritar *to shout, scream*
grito *cry*
grupo *group*
guapo /a *handsome*
guardar *to keep, guard*
guardia *guard*
guarnición f. *garrison; adornment*
gubernamental *governmental*
guerra *war*
guerrero /a *warrior*
guerrillero *guerrilla fighter*
guía m., f. *guide (person)*
f. *guide, index*
guiar (í) *to guide*
guionista m., f. *screenwriter*
gustar *to be pleasing*
gusto *pleasure; taste*

H
haber irreg. *to have (aux. verb)*
hábil *skillful, clever*
habilidad f. *ability*
habitado /a *inhabited*
habitante m., f. *inhabitant*
habitar *to inhabit*
habla (*but: el habla*) *language*
hablar *to speak*
hacer irreg. *to do; to make*
hacia *toward*
hacienda *ranch*
hallar *to find*
hambre f. (*but: el hambre*) *hunger*
hasta *(up) to, until*
hebreo /a *Hebrew*
hechizar (c) *to enchant, bewitch*
hechizo *enchantment*
hecho *deed, fact*
hedor m. *stench*
helar (ie) *to freeze*
herbolario *herbalist's shop; herbalist*
heredar *to inherit*
heredero /a *inheritor, heir*
hereje m., f. *heretic*
herejía *heresy*
herencia *inheritance*
herir (ie, i) *to wound*
hermandad f. *brotherhood*
hermano /a *brother/ sister*
hermoso /a *beautiful*
híbrido /a *hybrid*

hidalgo /a *nobleman/ woman*
hidalguía *nobility*
hielo *ice*
hijo /a *son/ daughter*
hipocresía *hypocrisy*
hispanidad f. *Hispanic world*
hispanoamericano /a *Spanish American*
hispanoparlante *Spanish-speaking*
hogar m. *home; hearth*
hoja *leaf*
holandés m. *Dutch (language)*
holandés (holandesa) n. *Dutchman/ woman*
   adj. *Dutch*
holgar (ue) (gu) *to rest, be idle*
hombre m. *man*
hondo /a *deep, profound*
honra *honor*
honrado /a *honored*
honrar *to honor*
hora *hour*
huelga *strike*
huérfano /a *orphan*
hueso *bone*
huir (y) *to flee*
humeante *smoking*
humilde *humble, poor*
humillado /a *humbled*
humo *smoke*
hundir *to sink*

I

ibérico /a *Iberian*
ibero /a *Iberian*
iglesia *church*
igual *equal*
igualdad f. *equality*
igualmente *equally*
ilegal *illegal*
iletrado /a *uneducated, illiterate*
ilimitado /a *limitless, unlimited*
imagen f. *image*
imán m. *magnet*
impedir (i, i) *to prevent, impede*
imperecedero /a *imperishable*
imperio *empire*
ímpetu m. *impetus, energy*
imponer irreg. *to impose*
imprenta *printing; print shop*
imprevisible *unforeseeable*
imprevisto /a *unforseen*

impuesto *tax*
impulsar *to impel, drive forward*
inacabable *interminable*
inacabado /a *unfinished*
inagotable *inexhaustible*
inaugurar *to inaugurate*
incansable *untiring*
incapaz *incapable*
inca m., f. *Inca*
incaico /a *Incan*
incásico /a *Incan*
incendiado /a *set on fire*
incertidumbre f. *uncertainty*
incierto /a *uncertain*
incluir (y) *to include*
incluso adv. *including*
incomunicación f. *cut off from communication*
indígena n. m., f. *native*
   adj. *indigenous*
indocumentado /a *undocumented, no I.D.*
indudable *undoubted*
infante /a *prince/ princess*
infantes de marina *marines*
infiel n. m., f. *infidel, nonbeliever*
   adj. *unfaithful*
influir (y) *to influence*
inframundo *underworld*
ingenio *ingenuity, genius*
ingenuo /a *naïve, ingenuous*
inglés m. *English (language)*
inglés (inglesa) n. *Englishman/ woman*
   adj. *English*
ingresar *to come in; to deposit; to pay*
iniciar *to initiate, begin*
inmóvil *immobile*
inmundicia *filth, squalor*
inquietante *disquieting, disturbing*
inquietud f. *restlessness*
inquirir (ie) *to inquire, investigate*
inscripción f. *enrollment, registration*
inseguro /a *unsure; unsafe*
insigne *famous, renowned*
insoluble *unsolvable*
insoportable *unbearable*
instruir (y) *to instruct*
intemperie f. *foul weather, the elements*

intemporal *unseasonable*
intentar *to try, attempt*
interés m. *interest*
intérprete m., f. *interpreter*
intervenir irreg. *to intervene*
inundar *to flood*
invasor(a) *invader*
invencible *unconquerable*
inversión f. *investment*
invertir (ie, i) *to invert; invest*
inyección f. *injection*
ir irreg. *to go*
isla *island*
Islam m. *Islam*
islámico /a *Islamic*
istmo *isthmus*
izquierda: a la izquierda *to the left*

J

jamás *ever; never*
japonés m. *Japanese (language)*
japonés (japonesa) n. *Japanese man/ woman*
   adj. *Japanese*
jardín m. *garden*
jaula *cage*
jefe /a *boss; chef; chief*
jerárquico /a *hierarchic(al)*
jitomate m. *tomato*
jondo /a *Andalusian Spanish for hondo*
jornada *working day*
joven n. m., f. *youth, young*
   adj. *young*
joya *jewel*
judío /a n. *Jew*
   adj. *Jewish*
juego *game*
jueves m. *Thursday*
jugar (ue) (gu) *to play*
juguetón (juguetona) *playful*
julio *July*
junio *June*
junto /a *next to*
juntos /as *together; adjoining*
jurado *jury; juror; judge*
jurar *to swear*
jurídico /a *legal, juridical*
jurisdicción f. *jurisdiction*
justo /a *just, fair*
juventud f. *youth*

L

laberinto *labyrinth*
labriego /a *farmer*
lácteo /a adj. *milk, milky*
lado *side*
lago *lake*
lágrima *tear*
laguna *lake*
laico /a *lay (of the laity)*
lámpara *lamp*
lana *wool*
lanza *lance*
lanzar (c) *to throw, launch*
largo /a *long*
largo: a lo largo de *throughout*
latinoamericano /a *Latin American*
latir *to beat*
lazo *knot, loop; bond*
lealtad f. *loyalty*
lección f. *lesson*
lector(a) *reader*
lectura *reading (selection)*
lecho *cot, bed*
lechuza *owl*
leer (y) *to read*
lejos *far*
lema m. *motto, slogan*
lengua *tongue; language*
lenguaje m. *language*
lento /a *slow*
león (leona) *lion/ lioness*
lepra *leprosy*
letra *letter (of alphabet)*
letrado /a *literate*
levantar *to raise*
levantarse *to get up*
ley f. *law*
leyenda *legend*
libre *free*
libro *book*
líder m., f. *leader*
liga *league*
ligero /a *light*
límite m. *limit*
limpio /a *clean*
línea *line*
linterna *lantern, flashlight*
listo /a *ready; clever*
litera *litter, bunk*
llama *flame*
llamar *to call*
llamarse *to be named*

llamativo /a *flashy*
llanura *plain*
llave f. *key*
llegada *arrival*
llegar (gu) *to arrive*
llenar *to fill*
llevar *to take; to carry, bear*
llevar a cabo *to accomplish*
llorar *to cry*
llover (ue) *to rain*
lluvia *rain*
loco /a *crazy*
locura *madness*
lograr *to achieve, carry out*
lúcido /a *lucid*
lucha *struggle; battle*
luchar *to fight, struggle*
lúdico /a *playful, game-like*
luego *then, next*
lugar m. *place*
lujo *luxury*
lujoso /a *luxurious*
luna *moon*
luz f. *light*

M

macho /a *masculine, male*
madona *Madonna*
madre f. *mother*
madrileño /a *of Madrid*
madrugada *dawn, early morning*
mago /a *magician*
maíz m. *corn*
maja *elegant young woman*
majadero /a *fool*
majestuoso /a *majestic*
mal adv. *bad(ly); ill*
malandrín (maladrina) *scoundrel*
males m. pl. *evils, ills*
malo /a *bad*
mancha *spot*
manchar *to spot, stain*
mandar *to order; send*
mandar construir *to order built*
manera *manner, way*
manifestarse *to manifest*
manifiesto *manifest*
maniobra *maneuver*
manipular *to manipulate*
mano f. *hand*
mano de obra *manual labor*
mantener irreg. *to maintain*

manufacturar *to manufacture*
manzana f. *apple*
mañana *tomorrow*
mapa m. *map*
maquiavélico /a *Machiavellian*
mar m. (f. poetic) *sea*
maravilla *marvel*
maravilloso /a *marvelous*
marcha *departure; march*
marchar *to march*
marcharse *to leave*
marea *tide*
mareo *seasickness; dizziness*
margen m. *margin*
margen f. *bank (of a river)*
marido *husband*
marinero *sailor*
marioneta m., f. *marionette, puppet*
marítimo /a *maritime*
mármol m. *marble*
martes m. *Tuesday*
marzo *March*
más *more*
masa *mass; dough*
máscara *mask*
matadero *slaughterhouse*
matador m. *bullfighter*
matar *to kill*
materno /a *maternal*
matrimonio *marriage; married couple*
maya m., f. *Mayan*
mayo *May*
mayor *greater, older, major*
mayoría *majority*
mediados m. pl. *the middle*
mediante *by means of, through*
medias f. pl. *stockings; socks*
médico /a *doctor*
medida *means, measure*
medio /a *half*
medio *means, measure*
medios m. pl. *media*
mejor *better*
mejorar *to improve*
melancólico /a *melancholic*
mendigo /a *beggar*
menor *lesser, younger, minor*
menos *less*
mensaje m. *message*
mensajero /a *messenger*

mente f. *mind*
mentir (ie, i) *to lie*
menudo: a menudo *often, frequently*
mercader m. *merchant*
mercado *market*
mercancía *merchandise*
merced f. *mercy*
mescolanza *mixture, hodge-podge*
mesero /a *waiter*
meseta *plateau*
mesoamericano /a *Meso-American*
mestizaje m. *mixture of ancestry*
mestizo /a *of mixed ancestry*
metafísico /a *metaphysical*
metamorfosis f. *metamorphosis*
meta *goal*
meticuloso /a *meticulous*
metro *subway*
mezcla *mix, mixture*
mezclar *to mix*
mezquita *mosque*
mí *me*
mi *my*
miedo *fear*
miembro m., f. *member*
mientras *while, during*
migratorio /a *migratory*
mil *thousand*
milagro *miracle*
milenio *millenium*
milicia *military; troops*
militar *to militate*
milla *mile*
millares *thousands*
millón (de) m. *million*
mina *mine*
minarete m. *minaret*
minería *mining*
minero /a *miner*
ministro /a *minister*
minoría *minority*
minuto *minute*
mío /a *(of) mine*
mirar *to look at*
misa *Catholic Mass*
miseria *misery*
misionero /a *missionary*
mismo /a *same; self; very*
misterio *mystery*
místico /a *mystic(al)*
mitad f. *half*

mítico/a *mythic(al)*
mito *myth*
mitología *mythology*
modernidad f. *modernity*
modernizante *modernizing*
moda *fashion*
modo *means, manner*
molino *mill, windmill*
monarca m., f. *monarch*
monarquía *monarchy*
monasterio *monastery*
monástico /a *monastic*
moneda *coin; currency*
monje /a *monk/ nun*
monjil *nun-like; prudish*
mono /a *monkey*
montaña *mountain*
montar *to ride; mount*
monte m. *mountain*
moralista m., f. *moralist*
moreno /a *dark (hair, skin)*
moribundo /a *dying*
morir (ue, u) *to die*
moro /a *Moor*
mostrar (ue) *to show*
mover (ue) *to move*
muerte f. *death*
muerto /a *dead*
mujer f. *woman*
mula *mule*
mundial *worldly*
mundo *world*
murmullo *murmur*
muro *wall*
muslo *thigh*
musulmán (musulmana) n. m., f.; adj. *Moslem*
mutuo /a *mutual*

N

nacer (zc) *to be born*
nacimiento *birth*
nada *nothing*
nadie *nobody, no one*
napoleónico /a *Napoleonic*
narcisismo *narcissism*
nativo /a *native*
naturaleza *nature*
naufragio *shipwreck*
nave f. *ship*
navegar (gu) *to sail*
Navidad f. *Christmas*

navío *ship, vessel*
necesario /a *necessary*
necesidad f. *necessity, need*
necesitar *to need*
necio /a *foolish, stubborn*
necrópolis f. *necropolis*
negación f. *denial*
negar (ie) (gu) *to deny*
negarse (ie) (gu) a *to refuse to*
negociación f. *negotiation*
negocio *business*
negro /a *black*
neoclásico /a *neoclassic(al)*
nervioso /a *nervous*
ni... ni *neither... nor*
nicaragüense n. m., f.; adj. *Nicaraguan*
niebla *fog*
ninguno /a *not any, not one*
nivel m. *level*
niño /a *boy/ girl*
noble *noble*
nocturno /a *nocturnal*
noche f. *night*
nómada m., f. *nomad*
nombrar *to name*
nombre m. *name*
nopal m. *cactus (prickly pear)*
norafricano /a *North African*
norteño /a *northern(er)*
nosotros /a s *we*
noticia *notice, news*
noticiero /a *journalist*
novedad f. *novelty*
novela *novel*
noventa *ninety*
noviembre m. *November*
núcleo *nucleus*
nuestro /a *our*
nuevas f. pl. *the news*
nueve *nine*
nuevo /a *new*
numérico /a *numeric(al)*
**número_number*
nunca *never*

O
o *or*
o... o *either... or*
obedecer (zc) *to obey*
obispo *bishop*
obra *work*

obrar *to work*
obrero /a *worker*
obsequio *gift; an honor*
obstante: no obstante *nevertheless, however*
obtener irreg. *to obtain*
ocasión f. *occasion*
occidental *occidental, western*
occidente m. *occident, west*
océano *ocean*
ocio *leisure, free time*
octubre m. *October*
ocultar *to conceal, hide*
ocupar *to busy, occupy*
ocurrir *to happen, occur*
oeste m. *West*
oficina *office*
oficio *duty, office*
ofrecer (zc) *to offer*
ofrenda *offering*
oído *hearing; inner ear*
oír irreg. *to hear*
ojo *eye*
ola *wave (ocean)*
oler irreg. *to smell*
olmeca n. m., f.; adj. *Olmec*
olor m. *smell, odor*
olvidar *to forget*
olvido *forgetfulness*
ombligo *navel*
once *eleven*
ondulación f. *ondulation*
ondulante *waving*
ópera m. *opera*
oponerse irreg. *to oppose*
opuesto /a *opposite*
orador(a) *orator, speaker*
orden m. *(numeric) order*
orden f. *order, command; religious order*
orgullo *pride*
oriente m. *east*
origen m. *origin*
orilla *shore, bank*
oro *gold*
oscuridad m. *darkness; obscurity*
oscuro /a *dark; obscure*
ostentar *to show off*
ostentoso /a *showy*
otro /a *other; another*
otrora *formerly*

P
padre m. *father*
pagano /a *pagan*
pagar (gu) *to pay*
país m. *country*
paisaje m. *landscape, countryside*
pájaro /a *bird*
paladar m. *palate*
palio *canopy*
pálpito *hunch, foreshadowing*
pampa *prairie (Argentina)*
pan m. *bread*
panadero /a *baker*
pantalla *screen*
pantalón m. *pants*
panteón m. *cemetery*
papa m. *pope*
papa *potato*
papá m. *father*
papel m. *paper; role*
para *for; toward*
paradoja *paradox*
paraíso *paradise*
parecer (zc) *to seem*
pareja *pair, couple*
parque m. *park*
parra *grapevine*
parroquia *parish*
parte f. *part*
partido *party; game, match*
partir *to divide; to leave*
pasado /a *past, last*
pasado n. *past*
pasaje m. *passage*
pasar *to happen; to pass*
pasión f. *passion; suffering*
paso *(mountain) pass; step*
pastor(a) *shepherd(ess)*
pata *foot (of animal)*
patata *potato*
patricio /a *patrician*
patriota m., f. *patriot*
patrulla *patrol*
paulatino /a *slow, gradual*
payador(a) *minstrel*
paz m., f. *peace*
pecado *sin*
pedazo *piece*
pedir (i, i) *to ask, request*
pegar (gu) *to hit; to glue*
pegarle gritos a *to shout at*

película *film, movie*
peligro *danger*
peligroso /a *dangerous*
pena *trouble, problem*
penetrar *to penetrate*
península *peninsula*
penitencia *penitence*
pensamiento *thought*
pensar (ie) *to think*
peor *worse*
pequeño /a *small*
perder (ie) *to lose*
perdurable *durable, lasting*
perecer (zc) *to perish, die*
peregrinación f. *pilgrimage*
peregrino /a *pilgrim*
perfil m. *profile, slide view*
periódico *newspaper*
periodismo *journalism*
periodista m., f. *journalist*
permanecer (zc) *to remain, stay*
pero *but*
peronismo *Peronism*
perplejo /a *perplexed*
perro /a *dog*
perseguir (i, i) (g) *to pursue; persecute*
personaje m. *character, personage*
personal m. *personnel*
pertenecer (zc) *to belong, pertain to*
pertinaz *persistent*
peruano /a *Peruvian*
pervivir *survive*
pesadilla *nightmare*
pesado /a *heavy*
pesar *to weigh*
peso *Weight; Mex. currency*
petróleo *petroleum, crude oil*
petrolero /a *relating to petroleum*
piadoso /a *pious; compassionate*
pico *(mountain) peak*
pie m. *foot*
piedra *rock, stone*
piel f. *skin*
pierna *leg*
pieza *piece*
pintar *to paint*
pintiparar *to compare; to make alike*
pintor(a) *painter*

pintura *painting*
pío /a *pious, devout*
pirámide f. *pyramid*
piso *floor*
pisotear *to step on, trample*
pista *track, trail*
placer m. *pleasure*
planeta m. *planet*
plantear *to expound; create*
plata *silver*
platicar (qu) *to chat*
plaza de toros f. *bullring*
pleito *argument, dispute*
pleno /a *full, complete*
pluma *pen; feather*
población f. *population; town*
poblado *settlement, town*
poblador(a) *settler*
poblar (ue) *to settle, populate*
pobre *poor; pitiable*
pobretón (pobretona) *pitiful (one)*
pobreza *poverty*
poco /a *few, not much/many*
poder (ue) *can; to be able*
poderío *power*
poderoso /a *powerful*
poema m. *poem*
poesía *poetry*
poeta m., f. *poet*
policultural *multicultural*
polvo *dust*
pólvora *gunpowder*
pomodoro *tomato*
ponderar *to ponder, weigh*
poner irreg. *to put*
ponerse irreg. *to set (sun)*
popularizar (c) *to popularize*
por *because of; for; per*
por qué *why*
porque *because*
portador(a) *bearer*
portar *to bear, carry*
porteño /a *(of a) port*
pórtico *portal; porch*
portugués m. *Portuguese (language)*
portugués (portuguesa) n. m., f. *Portuguese man/ woman* **adj.** *Portuguese*
posar *to pose*
poseer *to possess*
potencia *power; potency*

potro /a *colt*
pradera *prairie, meadow*
pragmático /a *pragmatic, practical*
precio *price*
precioso /a *precious; costly*
precolombino /a *pre-Columbian*
preferir (ie, i) *to prefer*
pregunta *question*
preguntar *to ask*
prejuicio *prejudice*
premonición f. *premonition*
prensa *press*
preocupación f. *worry*
preparar *to prepare*
presagio *omen, portent*
prevalecer (zc) *to prevail*
prevenir irreg. *to prevent; anticipate*
prever *to foresee*
previsión f. *forecast; precaution*
previsto /a *foreseen*
prieto /a *dark (skinned), black*
primavera *spring*
primero /a *first*
primogénito /a *firstborn*
primor m. *delicacy; beautiful thing*
princesa *princess*
principal *principal, most important*
príncipe m. *prince*
principio *beginning; principle*
privar *to deprive*
probar (ue) *to test, try; to taste*
problema m. *problem*
proceso *process; trial*
proclamar *to proclaim*
pródigo /a *lavish, prodigal*
producir irreg. *to produce*
profecía *prophesy*
profeta m. *prophet*
profetizar (c) *to prophesy*
profundidad f. *depth, profundity*
profundo /a *deep, profound*
programa m. *program*
progresista n. m., f.; adj. *progressive*
promesa *promise*
prometer *to promise*
pronto *soon*
propagar (gu) *to propagate*
propiciar L.A. *to favor*

propiciatorio /a *propiciatory*
propicio /a *propitious*
propiedad f. *property*
propietario /a *proprietary*
propio /a *own*
proponer irreg. *to propose*
proporcionar *to proportion*
propósito *purpose*
propuesta *proposal*
propulsión f. *propulsion*
prosperidad f. *prosperity*
próspero /a *prosperous*
protagonista m., f. *protagonist, character*
protección m. *protection*
proteger (j) *to protect*
protesta m. *protest*
prototipo *prototype*
proveniente *arising, originating*
provenir irreg. *to originate*
provenzal *Provençal*
provincia *province*
provinciano /a *provincial*
provisión f. *provision, supply*
provocar (qu) *to provoke*
próximo /a *next*
proyectar *to project*
proyecto *project*
prudente *prudent, wise*
prueba *trial, test*
público /a *public*
pudridero *rubbish heap*
pudrir (podrir) *to rot*
pueblo *people; village*
puerto *port*
puertorriqueño /a *Puerto Rican*
pues *well; then*
púlpito *pulpit*
punta *point, tip*
punto *point, period*
punto de vista m. *point of view*
puntualidad f. *punctuality*
puramente *purely, simply*
pureza *purity*
purificación f. *purification*
purificar (qu) *to purify*
puritano /a *Puritan*
puro /a *pure; sheer, simple*

Q
¿qué? *what?*
que *that, who, which*

quechua n. m., f.; adj. *Quechua (Andean)*
quedarse *to stay, remain*
queja *complaint*
quejarse *to complain*
quemar *to burn*
quemarropa: a quemarropa *point-blank*
querer irreg. *to want; love*
querido /a *dear*
¿quién? *who?*
quietud f. *quiet, quietness*
quilla *keel (of a ship)*
quinientos *five hundred*
quinto /a *fifth*
quizá, quizás *maybe, perhaps*

R
racionar *to ration*
raíz f. *root*
ranchero /a *rancher*
rapidez f. *rapidity*
rápido /a *rapid*
raro /a *rare*
rasgo *trait, feature; trace*
rato *moment, a while*
raza *race*
razón f. *reason*
razonable *reasonable*
reaccionar *to react*
real *royal; real*
realizar (c) *to accomplish*
rebasar *to exceed, surpass*
rebelarse *to rebel*
rebelde m., f. *rebel*
rebeldía *rebelliousness*
recámara *bedroom, chamber*
recibir *to receive*
recién adj. *recently*
reclamar *to reclaim*
recoger (j) *to pick up*
recompensar *to reward*
reconocible *recognizable*
reconocimiento *recognition*
reconquista *reconquest*
reconstruir (y) *to reconstruct*
recordar (ue) *to remember*
recorrer *to travel through; cover*
recorrido *journey*
recreo *recreation*
recuerdo *memory*
recurso *resource*

rechazar (c) *to reject, refuse*
red f. *net; network*
redención f. *redemption*
redentor(a) *redeemer*
redimir *to redeem*
redondo /a *round*
reducir (zc) *to reduce*
reflejar *to reflect*
reflejo *reflection*
reforzar (ue) (c) *to reinforce*
refugiarse *to take refuge*
refugio *shelter, refuge*
regalo *gift*
régimen m. *regime, diet*
regresar *to return*
rehusar *to refuse*
reina *queen*
reinar *to reign*
reinado *reign, rule*
reino *kingdom*
réir(se) (i) (de) *to laugh (at)*
relámpago *lightening (bolt)*
religar (gu) *to reunite*
reloj m. *clock; watch*
remedio *remedy, cure*
rememorar *to commemorate*
remontar a *to date back to*
renacentista invar. adj. *(of the) Renaissance*
renacer (zc) *to be reborn*
rendirse (i, i) *to yield; surrender*
renovar(se) (ue) *to renew*
renunciar *to renounce*
repartir *to distribute, share*
repetir (i, i) *to repeat*
réplica *reproduction, replica*
replicar (qu) *to replicate, duplicate*
representante n. m., f.; adj. *representative*
reprimir *to repress*
requerido /a *required*
rescatar *to rescue, ransom*
resolver (ue) *to resolve*
respaldo *backing*
respuesta *answer*
restaurar *to restore*
restorán, restaurante m. *restaurant*
restos m. pl. *(mortal) remains*
resucitar *resuscitate*
resultado *result*

retener irreg. *to retain*
retirar *to retire, withdraw*
retratar *to portray*
retrato *portrait*
reunión f. *meeting; reunion*
reunir *to reunite*
reunirse *to meet*
revelar *to reveal; to develop (film)*
revuelto /a *mixed, scrambled*
rey m. *king*
rezar (c) *to pray*
rico /a *rich*
riesgo *risk*
rincón m. *corner*
río *river*
rioplatense *of the River Plate (Argentina)*
riqueza *riches, richness*
risco *cliff*
ritmo *rhythm*
roca *rock*
rociar (í) *to sprinkle*
rodear *to surround*
rojo /a *red*
romper *to break*
ropaje m. *clothing*
rostro *face*
rueda *wheel*
ruidoso /a *noisy*
rumbo /a *toward*
rumor m. *rumor; noise*
ruta *route*

S

sábado *Saturday*
saber irreg. *to know*
sabiduría *wisdom*
sabio/a *wise*
sable m. *sabre*
sabor m. *flavor*
saborear *to taste*
saboteador(a) *saboteur*
sacar (qu) *to take out*
sacerdocio *priesthood*
sacerdote (sacerdotisa) *priest/ priestess*
saco *looting, sacking*
sacralidad f. *(Fuentes) sacredness*
sagrado /a *sacred*
sal f. *salt*
sala *living room; large room*

salir irreg. *to leave, go out*
salón m. *salon*
salvación f. *salvation*
salvaje *savage*
salvarse *to be saved*
salvo prep. *except*
salvo /a adj. *safe, saved*
sangrar *to bleed*
sangre f. *blood*
sangriento /a *bloody*
sanguinario /a *bloody*
Santiago *Saint James*
santidad f. *sanctity, holiness*
santificar (qu) *to sanctify*
santo /a *saint*
santuario *sanctuary*
saquear *to pillage, loot*
satélite m. *satellite; suburb*
satisfacer irreg. *to satisfy*
satisfecho /a *satisfied*
secar (qu) *to dry*
secreto *secret*
secuestrar *to kidnap*
sed f. *thirst*
seda *silk*
sede f. *seat, headquarter*
seducir (zc) *to seduce*
sefardí *Sephardic Jew*
en seguida *at once*
seguir (i, i) (g) *to follow*
seguridad f. *safety*
seguro /a *sure, safe*
seis *six*
selva *jungle*
semana *week*
sembrador(a) *sower*
sembrar (ie) *to sow*
semejante *similar*
semejar *to resemble*
semilla *seed*
sentido *sense; meaning*
sentimiento *sentiment, feeling*
sentir (ie, i) *to feel*
señalar *to point, indicate*
septiembre m. *September*
sepultado /a *buried*
sequía *drought*
ser irreg. *to be*
serenidad f. *serenity*
serie f. *series*
seriedad f. *seriousness*
serpiente f. *serpent*

serranía *mountains*
servidumbre f. *servitude*
servir (i, i) *to serve*
si *if*
sí *yes*
siempre *always*
sierra *mountain*
siete *seven*
sífilis f. *syphilis*
sigla *seal*
siglo *century*
significar (qu) *to mean, signify*
signo *sign*
símbolo *symbol*
simetría *symmetry*
simpatía *sympathy*
sin *without*
sincrético /a *syncretic*
sincretismo *syncretism (mixture of religious beliefs)*
sindicato /a *union, syndicate*
sino *but*
sinuoso /a *sinuous, winding*
siquiera *even*
sirena *siren*
sirviente m., f. *servant*
sistema m. *system*
sitio *site*
situar (ú) *to situate*
situado: estar situado /a *to be located*
soberanía *sovereignty*
soberano /a *sovereign*
sobre *on, on top of*
sobrenatural *supernatural*
sobresalir irreg. *to stand out*
sobrevivir *to survive*
socio /a *associate, colleague*
sol m. *sun*
solamente *only*
soldado /a *soldier*
soledad f. *loneliness*
soler (ue) *to be accustomed to*
solitario /a *solitary*
solo /a *lonely, alone*
sólo *only*
soltar (ue) *to loose, loosen*
sombra *shadow*
sombrío /a *sombre*
someter *to submit*
sometido /a *subjected*
son m. *sound; Cuban dance*

sonar (ue) *to ring, sound*
sonriente *smiling*
sonrisa *smile*
soñador(a) *dreamer*
soñar (ue) *to dream*
soportar *to endure, support*
sordo /a *deaf*
soroche m. *mountain sickness*
sorprender *to surprise*
sorpresa *surprise*
sospechoso /a *suspicious*
sostén m. *sustenance, support*
sostener irreg. *to sustain, maintain*
soviético /a *Soviet*
su *his/ her/ your/ their*
suave *soft*
súbdito /a *subject (of a ruler)*
subir *to rise, go up*
súbitamente *suddenly*
sublimir *to sublimate*
subrayar *to underline, emphasize*
subsiguiente *subsequent*
subsuelo *subsoil*
subterráneo /a *subterranean*
suceso *event*
sucinto /a *succinct*
sucumbir *to succumb*
suelo *floor*
suelto /a *loose*
sueño *dream; sleep*
suerte f. *luck*
suficiente *enough, sufficient*
sufragio *suffrage*
sufrimiento *suffering*
sufrir *to suffer*
sujeción f. *subjection*
sumar *to add*
suntuoso /a *sumptuous*
superficie f. *surface*
superioridad f. *superiority*
superpotencia *superpower*
supervivencia *survival*
suplir *to supply, replace*
supremo /a *supreme*
suprimir *to suppress*
supuesto /a *supposed*
sur m. *south*
suramericano /a *South American*
sugerir (ie, i) *to suggest*
surgir (j) *to spring up, appear*
suspirar *to sigh*

T

tabaco *tobacco*
tablado *stage, platform; flamenco*
tablero *(bulletin) board*
taconeo *heel tapping*
tal *such (a)*
tamaño *size*
también *also, too*
tampoco *neither*
tan *so, as*
tanque m. *tank*
tanto /a *so much*
tarde f. *afternoon*
tauromaquia *bullfighting*
te deum *Latin hymn in mass*
té m. *tea*
techo *roof, ceiling*
tedio *tedium*
telón m. *theatre curtain*
tema m. *theme*
temblar (ie) *to tremble, shake*
tembloroso /a *trembling*
temer *to fear*
temor m. *fear*
templo *temple*
temporada *season*
temprano /a *early*
tender (ie) *to tend*
tener irreg. *to have*
tener lugar *to take place*
tentador (tentadora) *temptor/ temptress*
tercer, tercero /a *third*
terminar *to finish*
término *end; term, period*
terrateniente m., f. *landholder*
terraza *terrace*
terremoto *earthquake*
terrenal *earthly*
terreno *land, property*
terrestre *earthly, terrestrial*
tesoro *treasure; treasury*
testarudo /a *stubborn, obstinate*
testigo m., f. *witness*
tiempo *time; weather*
tienda *store*
tienda de campaña *tent*
tierra *earth; world*
tierra de nadie *no-man's land (land taken from Moors during the Reconquest)*

tipo *type, kind*
tira *strip*
tiranía *tyranny*
tirar *to throw, throw away*
título *title*
tocar (qu) *to touch; to play (a musical instrument)*
tocino *bacon*
todavía *still*
todo /a *all*
tomar *to take; to drink*
tomate m. *tomato*
toparse con *to run into, chance upon*
toque m. *touch; shock*
torero /a *bullfighter*
tormenta *storm*
torno *turn*
toro *bull*
torre f. *tower*
torreón m. *fortified tower*
torturar *to torture*
trabajador(a) *worker*
trabajar *to work*
trabajo *work*
traducir (zc) *to translate*
traductor(a) *translator*
traer irreg. *to bring*
trágico /a *tragic*
traición f. *betrayal, treason*
traidor(a) *traitor*
traje m. *suit*
traje de luces m. *bullfighter's outfit*
trampa *trap*
tránsito *traffic; transit*
transmisible *transmittable*
tras *after, following*
trasiego m. *moving*
trasladar *to move, transfer*
traslado *transfer*
tratado *treaty*
tratar *to deal with*
tratar de *to try*
trato *treatment*
través: a través de *through*
trazar (c) *to trace*
tregua *truce*
treinta *thirty*
trepidar *to tremble*
tres *three*
trescientos *three hundred*

tribu f. *tribe*
tributar *to pay tribute*
tributo *to tribute*
trigo *wheat*
triste *sad*
triturar *to grind, crush*
trompeta *trumpet*
trono *throne*
tropa *troop*
trovador(a) *troubador*
tú *you (sing. familiar)*
tu *your (sing. familiar)*
tumba *grave, tomb*
turco /a *Turk*

U

ubérrimo /a *very fertile*
ufano /a *proud, disdainful*
último /a *last*
ultramar m. *overseas*
un, uno /a *a, an; one*
único /a *only; unique*
unidad f. *unity; unit*
unido /a *united*
unificar (qu) *to unify*
unir *to unite*
unirse (a) *to join*
uña *fingernail; toenail*
urgir (j) *to urge*
usted *you (sing. formal)*

V

vacío /a *empty*
vacuidad f. *vacuity, emptiness*
valeroso /a *brave*
valiente *brave*
valioso /a *valuable*
valor m. *courage; worth*
valle m. *valley*
vasco /a *Basque*
veces: a veces *occasionally, sometimes*
vecino /a *neighbor*
veinte *twenty*
vela *veil*
veloz *rapid, swift*
vena *vein*
vencer (z) *to conquer*
vencido /a *conquered*
vendedor(a) *salesperson*
vender *to sell*
vengador(a) n. m., f. *avenger*

adj. *vengeful*

venganza *vengeance, revenge*

vengarse (gu) *to avenge*

venir irreg. *to come*

ventaja *advantage*

ventana *window*

ver *to see*

verano *summer*

verbalizar (c) *to verbalize*

verdad f. *truth*

verdadero /a *truthful, true*

verde *green*

verdugo *hangman, executioner*

vergonzoso /a *shameful*

vestirse (i, i) *to get dressed*

veta *vein, seam, streak*

vez f. *time (occasion)*

vía n. *Way, road*

  prep. *by way of*

vía láctea *Milky Way*

viaje m. *trip, voyage*

viajero /a *traveler*

víctima m., f. *victim*

vida *life*

viejo /a *old*

viento *wind*

vientre m. *womb*

vietnamita m., f. *Vietnamese*

vigente *valid*

vincular *to link*

vino *wine*

viña *vineyard*

violar *to violate; to rape*

viraje m. *turn, bend; turning point*

virreinal adj. *viceregal*

virreinato *viceroyalty*

virrey m. *viceroy*

virtud f. *virtue*

visigodo /a *Visigoth*

visitar *to visit*

vista *sight, view*

viuda *widow*

vivir *to live*

vivo /a *alive; lively*

volcán m. *volcano*

valcánico /a *volcanic*

volcanizar (c) *to volcanize*

voltear *to turn (over)*

voluntad f. *will*

volver (ue) *to return, come back*

volverse (ue) *to become, turn into*

vómito *vomit*

voz f. *voice*

vuelta *return; bend, turn*

X

xitomatl m *tomato (Náhuatl) = (ji)tomate*

Y

yacer (zc) *to lie*

Z

zanja *ditch*

zapatismo *Zapata movement*

zapato *shoe*

zapoteca n. m., f.; adj. *Zapotecan*

zarpar *to set sail*

zorro /a *fox*

ABOUT THE AUTHORS

David Curland is Senior Instructor Emeritus, Department of Romance Languages, University of Oregon. He was involved in the early application of film and video to the foreign language classroom and is the author of several instructional video series: *La catrina* (Prentice Hall, 1992) and its sequel *El último secreto* (1997, Prentice Hall) as well as their accompanying novellas. The original workbook to accompany *El espejo enterrado* (McGraw-Hill, 1994) was co-authored by Prof. Juan Epple and Jim Heinrich. He has been awarded two Fulbright lectureships: University of Madrid (1972-1973) and University of Seville (1977-1978).

Robert L. Davis is Associate Professor and the Director of the Spanish Language Program at the University of Oregon. He teaches courses in Spanish language, phonetics, dialectology, historical linguistics, and teaching methodology. His interests include language pedagogy and materials development, in particular the development of language skills within content-based instruction. He has co-authored an introductory textbook on the language and cultures of the Spanish-speaking world (*Entrevistas*, McGraw Hill, 2004), an advanced oral skills textbook (*Tertulia*, ITP, 2001), and articles on language pedagogy, materials development, and language program direction.

Luis Leal (b. 1907), Professor Emeritus from the University of Illinois, Champaign-Urbana since 1976, has been a Visiting Professor at The University of California, Santa Barbara since then. He is one of the most prolific critics on Mexican literature and culture, including numerous essays on broad Latin American topics. He has published almost 400 articles and nearly 50 books. Among his distinctions, he has received many awards, such as the National Association for Chicano Studies Scholar of the Year (1988), the Aztec Eagle from the Mexican Government (1991), the National Humanities Medal from President Bill Clinton (1997), and he is a member of the Academia Norteamericana de la Lengua Española. He has received at least 29 *homenajes* in professional meetings for his extensive contributions to the fields of Mexican, Latin American, and Chicano literatures and cultures. He was also listed among the 100 most influential Latinos in the U.S. by *Hispanic Business*. Together with Professor Victor Fuentes, he produces a journal dedicated to the literary contributions by U.S. Latinos called *Ventana Abierta: Revista Latina de Literatura, Arte y Cultura* (University of California, Santa Barbara.)

Francisco A. Lomelí has been a Professor in the Departments of Chicana/Chicano Studies and Spanish and Portuguese at the University of Santa Barbara since 1978. He has served as chair of Chicano Studies and Black Studies, as well as Director of Education Abroad in Costa Rica. He has published extensively on Chicano literature and culture, including border studies, literary history and media. He has produced a number of articles on Latin American literature and culture, particularly regional studies (Mexico, Chile, Argentina, Central America). Among his publications are *La novelística de Carlos Droguett: poética de la obsesión y el martirio* (1983), *Chicano Literature: A Reference Guide* (1985), *Chicano Studies: A Multidisciplinary Approach* (1983), three volumes of *Dictionary of Literary Biography* (1989, 1993, 1999), *Handbook of Hispanic Cultures in the U.S.: Literature and Art* (1993), *Barrio on the Edge* (2000), *Nuevomexicano Cultural Legacy: Forms, Agency and Discourse* (2002), and most recently, *Chicano Sketches: Stories by Mario Suarez* (2004).

Professor Sonia Zúñiga-Lomeli has been chair of the School of Modern Languages at Santa Barbara City College and a professor since 1990. Her extensive experience as a teacher at all levels accounts for her expertise in the Spanish language and Portuguese. She studied linguistics at Queen's College and the University of New Mexico and later received her MA and PhD from UCSB. Her principal area of specialization are language acquisition, culture, literacy, including Latin American and ecological literature.

Caribbean Sea

HONDURAS
Tegucigalpa
NICARAGUA
Managua
San José
COSTA RICA
PANAMA
Panama

Martinique (FRANCE)
ST. LUCIA
Netherlands Antilles (NETH.)
ST. VINCENT AND THE GRENADINES
GRENADA
BARBADOS

Isla de San Andrés (COLOMBIA)
Aruba (NETH.)
Barranquilla
Cartagena
Maracaibo
Barquisimeto
Cúcuta
San Cristóbal
Medellín
Bogotá
Cali
COLOMBIA

Caracas
Valencia
Ciudad Guayana
VENEZUELA
Boa Vista
GUIANA HIGHLANDS

Port-of-Spain
TRINIDAD AND TOBAGO
Georgetown
GUYANA
Paramaribo
SURINAME
French Guiana (FRANCE)
Cayenne

North Atlantic Ocean

Isla de Malpelo (COLOMBIA)
Equator
Quito
ECUADOR
Guayaquil
Iquitos
Piura
Trujillo
Huánuco

AMAZON
BASIN
Rio Branco
Manaus
Santarém
Macapá
Belém
São Luís
Fortaleza
Teresina
Natal
Recife

PERU
Lima
Cusco
Lago Titicaca
Arequipa
Arica
Iquique

Trinidad
La Paz
BOLIVIA
Cochabamba
Sucre
Potosí

MATO GROSSO PLATEAU
Cuiabá

BRAZIL
Brasília
Goiânia
BRAZILIAN
HIGHLANDS
Uberlândia
Belo Horizonte
Vitória
Maceió
Salvador

South Pacific Ocean

Tropic of Capricorn
Antofagasta
Isla San Ambrosio (CHILE)
Isla San Félix (CHILE)

Salta
San Miguel de Tucumán
Resistencia
Campo Grande
PARAGUAY
Asunción

São Paulo
Curitiba
Santos
Florianópolis
Pôrto Alegre
Rio de Janeiro

ARCHIPIÉLAGO JUAN FERNÁNDEZ (CHILE)
CHILE
Cerro Aconcagua (highest point in South America, 6962 m)
Valparaíso
Santiago
Concepción

Córdoba
Mendoza
PAMPAS
Rosario
Santa Fe
Salto
URUGUAY
Buenos Aires
La Plata
Montevideo

South Atlantic Ocean

ARGENTINA
Bahía Blanca
Mar del Plata

ANDES
San Carlos de Bariloche
Puerto Montt
Península Valdés (lowest point in South America, -40 m)
Comodoro Rivadavia

PATAGONIA

Scale 1:35,000,000
Azimuthal Equal-Area Projection
0   500 Kilometers
0   500 Miles
Boundary representation is not necessarily authoritative.

Río Gallegos
Strait of Magellan
Punta Arenas
Ushuaia

Stanley
Falkland Islands (Islas Malvinas)
(administered by U.K., claimed by ARGENTINA)

South Georgia and the South Sandwich Islands
(administered by U.K., claimed by ARGENTINA)

148